中等职业技术学校农林牧渔类

通用课教材

卫生与健康

人力资源和社会保障部教材办公室　组织编写

杨志影　主编

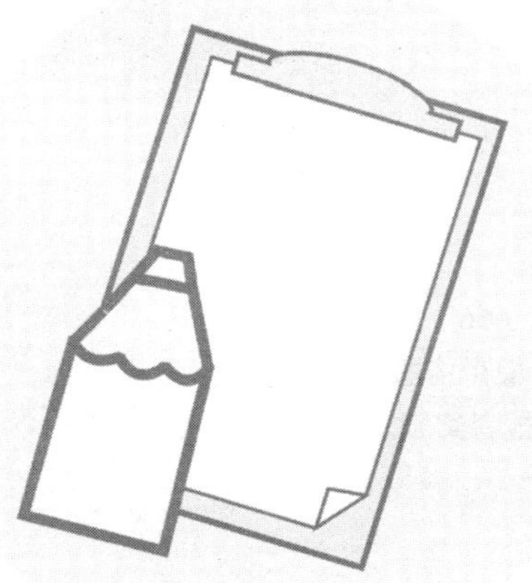

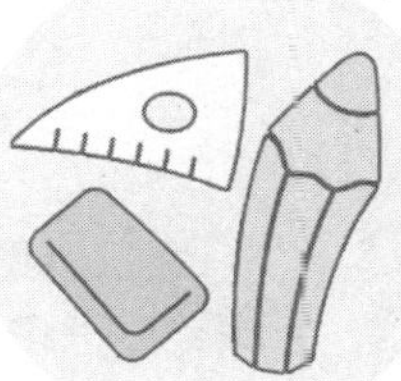

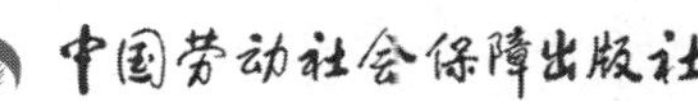

中国劳动社会保障出版社

图书在版编目(CIP)数据

卫生与健康/杨志影主编. —北京：中国劳动社会保障出版社，2012
中等职业技术学校农林牧渔类——通用课教材
ISBN 978-7-5167-0117-1

Ⅰ.①卫…　Ⅱ.①杨…　Ⅲ.①健康教育-中等专业学校-教材　Ⅳ.①G479

中国版本图书馆 CIP 数据核字(2012)第 292666 号

中国劳动社会保障出版社出版发行
（北京市惠新东街 1 号　邮政编码：100029）
出 版 人：张梦欣

*

国铁印务有限公司印刷装订　新华书店经销
787 毫米×1092 米　16 开本　8.25 印张　173 千字
2012 年 12 月第 1 版　　2021 年 10 月第 8 次印刷
定价：15.00 元

读者服务部电话：(010) 64929211/84209101/64921644
营销中心电话：(010) 64962347
出版社网址：http://www.class.com.cn
http://jg.class.com.cn

前　言

为深入贯彻落实《国家中长期人才发展和规划纲要（2010—2020年）》和《国家中长期教育改革和发展规划纲要（2010—2020年）》精神，适应建设社会主义新农村、加快发展现代农业的需要，加大培养适应农业和农村发展需要的专业人才力度，人力资源和社会保障部教材办公室组织了一批教学经验丰富、实践能力强的教师与行业专家，在充分调研、讨论专业设置和课程教学方案的基础上，编写了农林牧渔类相关专业系列教材，共涉及种植、养殖、农机使用与维修、农村经济管理、农村能源开发与利用等专业，将于2011—2012年陆续出版。

本套教材具有以下特点：

第一，以满足农业生产为主导方向，以培养学生实践能力为基本原则，在合理确定学生应具备的能力结构与知识结构基础上，对教材内容的深度、广度进行了科学设计，并突出了实践性教学内容。

第二，根据农村经济和农业技术发展的趋势，尽可能多地在教材中充实新理念、新知识、新方法和新设备等方面的内容，力求使教材具有鲜明的时代特征，满足新农村建设的需要。

第三，在教材的表现形式上，尽可能多地采用图片、实物照片或表格等将知识点、技能点生动地展示出来，力求给学生创造一个更加直观的认知环境。

本套教材的编写得到了黑龙江省人力资源和社会保障厅以及黑龙江技师学院、哈尔滨技师学院、佳木斯技师学院、哈尔滨劳动技师学院、中国一重技师学院、黑龙江机械制造高级技工学校哈尔滨分校、五大连池高级技工学校、黑龙江农业职业技术学院、黑龙江农业工程职业技术学院等一批技工院校和职业院校的大力支持，教材编审人员做了大量的工作，在此，我们表示衷心的感谢！同时，恳切希望广大读者对教材提出宝贵的意见和建议。

人力资源和社会保障部教材办公室

2011年7月

本书编审人员

主　　编　杨志影
副 主 编　韩奎英　崔雪峰
参　　编　李艳玲　温玉琦
主　　审　于新秋

简　　介

本书为全国中等职业技术学校农林牧渔类通用课教材。

本教材从健康生活方式、日常保健与疾病预防、日常伤痛预防与急救、常见的养生保健运动等几个方面着手，重点强调了卫生与保健理念的转变以及常见知识的掌握，通俗易懂、贴合实际，有利于学生掌握卫生与保健的常识，提高身体素质，保证身体健康。

本书由杨志影担任主编，韩奎英、崔雪峰担任副主编，李艳玲、温玉琦参与编写。于新秋主审。

目　录

第一章　健康生活方式

学习目标：

◆了解并理解健康的含义和标准，认识亚健康
◆掌握健康饮食的原则
◆了解体育运动对健康的作用及科学健身的原则
◆了解危害健康的日常行为
◆掌握疲劳的症状及与疲劳恢复的要领

第一节　健康的含义

生命的长度很重要，但生命的质量更重要。也许有人会说："吃得香、睡得着、感冒发烧都很少，轻易不得病，那么就代表身体很健康"，但是"没病"就等于"健康"吗？没病只是健康概念中的一小部分，健康是身体、情感、社会适应、精神状态间的平衡而产生的一种满意状态。那种"没病即健康"的传统健康观日渐为人们所抛弃，新的健康观应运而生。

一、健康的内涵

对于健康的内涵，世界卫生组织随着时代的发展，给出了不同的解释。

1948 年世界卫生组织提出"三维健康观"，就是认为健康不仅仅是没有疾病，或者体弱，而且是包括生理的健康、心理的健康和社会适应的完满状态三个方面。

1978 年，国际初级卫生保健大会发表的《阿拉木图宣言》中，对健康内涵的描述重申："健康不仅是疾病和体弱的匿迹，而且是身心健康、社会幸福的完美状态。"并且提出："健康是基本人权，达到尽可能的健康水平，是世界范围内的一项最重要的社会性目标。"

1990 年世界卫生组织对健康又做出了新的解释："一个人在躯体健康、心理健康、社会适应良好和道德健康四个方面皆健全才算健康。"

由此可见，人类对健康的认识逐渐由单一到多维，这是一个认识不断成熟的过程。

二、健康的标准

1990年，世界卫生组织提出的健康十条标准为：

第一，精力充沛，能从容不迫地应付日常生活和工作的压力，而不感到过分紧张。

第二，处事乐观，态度积极，乐于承担责任。

第三，善于休息，睡眠良好。

第四，应变能力强，能适应环境的各种变化。

第五，能够抵抗一般性感冒和传染病。

第六，体重得当，身材均匀，站立时头、肩、臂位置协调。

第七，眼睛明亮，反应敏锐，眼睑不发炎。

第八，牙齿清洁，无空洞，无痛感，牙龈颜色正常，不出血。

第九，头发有光泽，无头屑。

第十，肌肉、皮肤富有弹性，走路轻松有力。

进入21世纪，世界卫生组织进一步提出了人类新的健康标准。具体可用“五快”（肌体健康）和“三良好”（精神健康）来衡量。

“五快”是指：

• 吃得快：进餐时，有良好的食欲，不挑剔食物，并能很快吃完一顿饭。

• 便得快：一旦有便意，能很快排泄完大小便，而且感觉良好。

• 睡得快：有睡意，上床后能很快入睡且睡得好，醒后头脑清醒，精神饱满。

• 说得快：思维敏捷，口齿伶俐。

• 走得快：行走自如，步履轻盈。

“三良好”是指：

• 良好的个性人格：情绪稳定，性格温和；意志坚强，感情丰富；胸怀坦荡，豁达乐观。

• 良好的处世能力：观察问题客观、现实，具有较好的自控能力，能适应复杂的社会环境。

• 良好的人际关系：助人为乐，与人为善，人际关系和谐。

三、亚健康

1. 亚健康的含义

“亚健康”是指介于健康与疾病之间的边缘状态，又叫“慢性疲劳综合征”。亚健康是一种临界状态，处于亚健康状态的人，虽然没有明确的疾病，但却出现精神活力和适应能力下降的状况，如果这种状态不能得到及时的纠正，非常容易引起心身疾病。世界卫生组织将机体无器质性病变，但是有一些功能改变的状态称为“第三状态”，我国称为“亚健康状态”。世界卫生组织有关统计数据显示，世界上5%的人处于健康状态，20%的人有病，而剩下的75%的人处于亚健康状态。

2. 亚健康的指标

世界卫生组织制定了一个有30个项目的指标，只要符合其中6项以上，就可以初步认定为处于亚健康状态。具体内容见表1—1。

表1—1　亚健康指标

1. 精神紧张，焦虑不安	2. 孤独自卑，忧郁苦闷	3. 心悸心慌，心律不齐
4. 耳鸣耳背，易晕车船	5. 记忆减退，熟人忘名	6. 兴趣变淡，欲望骤减
7. 懒于交往，情绪低落	8. 易感乏力，眼易疲倦	9. 精力下降，动作迟缓
10. 头昏脑涨，不易复原	11. 体重减轻，体虚力弱	12. 不易入眠，多梦易醒
13. 晨不愿起，昼常打盹	14. 局部麻木，手脚易冷	15. 掌腋多汗，舌燥口干
16. 自感低烧，夜有盗汗	17. 腰酸背痛，此起彼伏	18. 舌生白苔，口臭自生
19. 口舌溃疡，反复发生	20. 味觉不灵，食欲不振	21. 返酸嗳气，消化不良
22. 便稀便秘，腹部饱胀	23. 易患感冒，唇起疱疹	24. 鼻塞流涕，咽喉肿痛
25. 憋气气急，呼吸紧迫	26. 胸痛胸闷，心区压感	27. 久站头昏，眼花目眩
28. 肢体酥软，力不从心	29. 注意力分散，思考肤浅	30. 容易激动，无事自烦

四、影响健康的因素

健康是一个动态的平衡过程，影响健康的因素很多，世界卫生组织经研究给出在影响个人健康和寿命方面：环境因素占17%，生物遗传因素占15%，医疗卫生服务因素占8%，行为与生活方式因素占60%。

1. 环境因素

是指围绕着人类环境及其直接或间接地影响人类生活的各种自然因素和社会因素，如空气、噪声、辐射、吸烟、纵欲、工作压力等，都会对人类健康造成危害。不良的行为和生活方式将严重威胁人类的健康，导致一系列身心疾病日益增多。

2. 生物遗传因素

它对人类诸多疾病的发生、发展及分布具有决定性影响。某些遗传或非遗传的内在缺陷、变异、老化而导致人体发育畸形、代谢障碍、内分泌失调和免疫功能异常等。

3. 医疗卫生服务因素

直接关系到人的生、老、病、死及由此产生的一系列健康问题。如果卫生服务和社会医疗保障体系存在缺陷，就不可能有效的防治居民的疾病，促进健康。

4. 行为与生活方式因素

不良生活方式和有害健康的行为已成为当今危害人们健康，导致疾病及死亡的主因。在我国因疾病死亡，列在前三位的是：恶性肿瘤、脑血管和心脏病，这些疾病是由生活习惯和不良卫生行为所引起的。

五、现代生活与健康的关系

1. 现代生活方式的特点

我国现代生活方式的特点，总结起来就是精神过度紧张，身体运动不足，公害问题严重，营养过剩和肥胖，这也是妨碍健康的四大因素。快节奏，低运动，内容丰富而形式单一；物质生活的极大丰富反而造成很多人健康质量降低。如果我们想过着幸福、健康的社会生活，那就要尽自己最大的努力，在适应环境变化的同时，为了改变和战胜这些环境，培养强壮的身体和精神力量。

2. 不良生活方式对健康的影响

不良生活方式导致的慢性疾病逐渐成为影响人类健康的“头号杀手”，“生活方式病”已经潜入了现代生活的方方面面。以车代步、电脑前忙碌的工作或是迷恋网游、餐桌上推杯换盏、灯红酒绿的夜生活，引发了肥胖、高血压、冠心病等多种慢性疾病，严重危害了人们的健康。

不良的现代生活方式对健康的影响主要有以下几个方面：

（1）由于心理情绪紧张刺激增加、饮食营养结构不合理、环境的污染、吸烟饮酒的人增多等多方面的因素，导致心血管病、脑血管病、糖尿病、恶性肿瘤等因果性疾病发病率增高，成为致残、早亡的重要原因。

（2）由于现代生活节奏加快，时空观念、竞争观念增强，独生子女及离退休职工增多，生活中紧张刺激增加，心理因素和情绪反应已成为一个重要的致病因素，引起了一些心理情绪反应性疾病如临考紧张综合征、离退休生活不适应、情绪性腹泻等。

（3）由于缺乏美容化妆的卫生知识，接触性皮炎、染发剂过敏性皮炎、戴耳环引起的感染等发病率在女青年中明显增加。

（4）现代穿着引起的高跟鞋病、隐形眼镜角膜炎、太阳眼镜病等在男女青年中较常见。紧身衣、裤都会引起一些不良的身体反应和慢性疾病。

（5）养猫、狗、虫、鸟等宠物导致动物传染的疾病增多，尤其是狂犬病已在许多地区呈散发性流行。

（6）吸烟人数大增，已成为肺癌、心脑血管病的重要因素；酒精中毒经常发生。

（7）在脑力劳动者中间，由于久坐、用眼、用脑等，写字多，造成脑力疲劳，视力疲乏较常见。

第二节　健康饮食

物质生活极大丰富是生活质量提高的重要标志之一，但极大丰富的物质生活却给人的健康带来了潜在的危机，影响着未来的生活质量。

在人们生活水平极大提高，物质生活极大丰富的时代，很多人不注意饮食健康，大吃大喝者有之，偏食垃圾食品者有之，伴随出现的是肥胖、高血压、高血脂、心肌梗塞、糖尿病、肝病、抑郁症、子宫癌、性早熟等一系列由饮食引起的问题。因此，了解健康饮食，不仅利于个人身体素质，更惠及千千万万个家庭。

知识窗——吓人的数字

目前，中国的高血压病人有1.6亿人，高血脂患者有1.6亿人，超重者有2亿人，肥胖者有8 000万人，糖尿病人有2 000万人。这组数字的背后是膳食的两大误区：第一是儿童偏食，造成缺钙、缺铁、缺碘；第二是成年人多食或贪食，造成肥胖、高血脂、脂肪肝、冠心病、糖尿病。

一、平衡膳食与合理营养的基本要求

平衡膳食是指选择多种食物，经过适当搭配做出的膳食，其所含营养素的种类齐全、数量充足、比例适当。这种膳食能满足人们对能量及各种营养素的需求，既能满足人体生长发育、生活、劳动的需要，又能避免各种营养过剩所致疾病的发生。

合理营养是指对人体提供符合卫生要求的平衡膳食，使膳食的质和量都能适应人体的生理、生活、劳动以及一切的需要。合理营养可维持人体的正常生理功能，促进健康和生长发育，提高机体的劳动能力、抵抗力和免疫力，有利于某些疾病的预防和治疗。缺乏合理营养将发生营养缺乏病或营养过剩性疾病。

要改善自己的生活方式，从吃和动这两个基本方面做起，每天摄入量与消耗量达到平衡。需谨记饮食的八字方针："调整、维持、控制、增加"。调整即为进食顺序，先吃水果后吃饭，先喝稀的后吃干；维持即为维持高纤维素摄入及维持食物的多样化；控制即为控制肉类、油脂、盐的摄入量；增加即为增加水果、奶、谷物及薯类、绿色尤其是"黑色"蔬菜。

1. 饮食有节， 利身益寿

"饮食节，则身利而寿命益；饮食不节，则形累而寿损。"不可暴饮暴食或饥饱无度，更不可误餐不食，节制饮食是健康长寿的重要措施。随着年龄的增长，生理功能逐渐减退，代谢水平逐渐减弱，加之活动量减少，体内所需热能物质也逐渐减少。因此，应适当的节制饮食、定时定量，以保持机体能量代谢的平衡。

要记住对于饮食健康非常有益的两句话，第一句是：什么都吃，没有一种食物可以满足人体的全部需要。食物种类多才可相互补充；第二句是：适可而止，七八分饱，感觉正好。

知识窗——平衡膳食宝塔

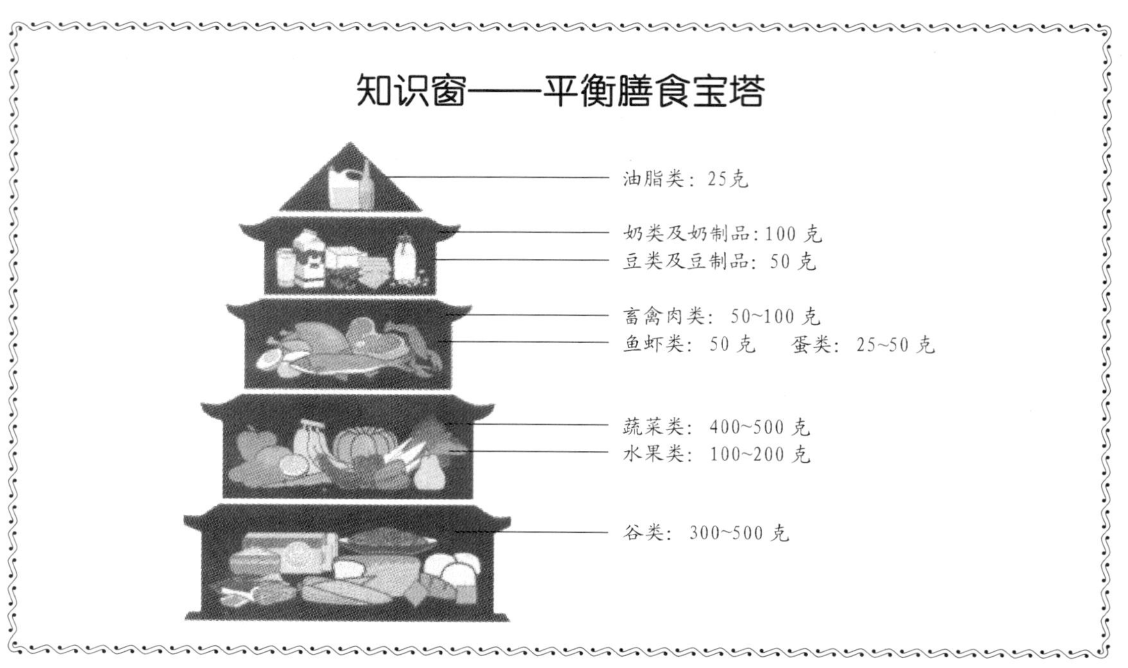

2. 进食有时，三餐有别

俗话说得好："早饭要饱，午饭要好，晚饭要少。"注意一日三餐合理安排对养生长寿是大有益处的。在食物选择方面，早餐应选择体积小而富有热量的食物，午餐应选择富含优质蛋白质的食物，晚餐则应吃低热量、易消化的食物，且一日三餐的分配比例应该是 3∶4∶3。多食一些富有营养又易于消化的食物，如新鲜蔬菜、水果等。

知识链接——健康饮食的黑白原则

营养学家提出，自然界生长的各种天然食物的营养与它们的颜色密切相关，它们的营养价值排列顺序为：黑色食物最优，然后依次为红色、黄色、白色。有营养学家提出：健康饮食应该近"三黑"：黑米、紫菜、黑芝麻；远"三白"：白糖、食盐、猪油。

黑米——米中珍品。黑米有开胃益中，健脾暖肝，滑涩补精，明目、舒筋活血之功能。现代营养学测定：黑米含有丰富的蛋白质、17 种氨基酸，其中的赖氨酸、精氨酸含量是白米的 3 倍，黑米的铁含量是普通米的 6 倍左右。

黑芝麻——滋补佳品。黑芝麻富含铁质，能改善贫血，它还含有丰富的维生素 E，能延缓细胞的衰老。经常适量食用黑芝麻具有养肤、乌发、健脑、补肝肾、降血脂、延年益寿抗衰老。特别是身体虚弱、头发早白、大便干燥秘结、贫血者，经常食用能滋肝补肾、润泽五脏。

紫菜——家常珍品。紫菜属于质优价廉的家常海产品，也是一种居家必备的保健食品。它富含碘、钙、褐藻胶、甘露醇、粗纤维、B 族维生素等成分，经常食用能降低胆固醇，软化血管，预防和治疗因碘缺乏而引起的粗脖子病。

食盐——高血压、冠心病等许多疾病的产生和加剧，都与过量吃盐密切相关。世界卫生组织规定：成人每天钠盐摄入量不应超过 6 克。

白糖——多吃糖易患肥胖病、冠心病、中风等心脑血管病和糖尿病，而这些疾病是导致人类寿命短暂和死亡的主要原因。吃糖过量会影响儿童的牙齿和骨骼发育，大大增加患龋齿的机会。

猪油——由于动物油主要含有饱和脂肪酸，含饱和脂肪酸多的动物油的熔点一般都较高，常温下多为固体状态，所以食用后不容易消化吸收，而且这种脂肪吃得太多，就会使血液中的胆固醇水平增高，再加上饱和脂肪酸过多会导致动脉粥样硬化。

3. 合理搭配，不可偏食

饮食合理搭配能够保证机体所需要的各种营养素，避免偏食和饮食的单调，做到膳食的合理搭配，粗细粮混食，荤素搭配。应多吃些粗粮和富含植物纤维的食物，如小米、玉米、高粱米、甘薯、绿豆及蔬菜水果等。

4. 根据季节择食

春夏秋冬是自然界出现的现象。就其气候而论，春天温和，夏天炎热，秋天干燥、冬天寒冷。人们所需的营养，就必须适应自然界的这一规律选择食物。如果选择的食物不当，人体阴阳就不平衡，就会生病。例如，夏天天气炎热，人体喜凉，若食用鹿肉、狗肉，那么就会出现热症。反之，冬天天气寒冷，人体喜热，若食用寒冷的食物，如牡蛎肉、团鱼肉，那么就会出现寒症。所以，人们对食物的选择应注意它的性质，合理地食用。不同性质的食物见表 1—2。

5. 食宜清淡，避免过咸

如饮食过咸，摄入盐量过多，可产生高血压病，进而影响心肾功能。成年人每日盐的摄入量以 3～10 克为宜，最多不可超过 15 克。糖应尽量少吃，既可防病又不影响其他营养素的吸收和利用。并且在日常饮食中，应控制脂肪摄入量。

表 1—2　　不同性质的食物

食物性质	类　别
温热的食物	狗肉、牛肉、鸡肉、龟肉、羊肉、雀肉、虾肉、白花蛇肉、乌梢蛇肉等；黄豆、蚕豆、刀豆、淡菜、胡萝卜、葱、蒜、椒、韭菜、芥菜、油菜、香菜、胡椒等；红糖、糯米、面粉、羊乳等
寒凉的食物	猪肉、牡蛎肉、鸭肉、兔肉、鹅肉；菠菜、白菜、豆芽菜、芹菜、竹笋、黄瓜、苦瓜、茄子、冬瓜、紫菜等；梨、西瓜、柑、橙、柚、柿子、大麦、小麦、绿豆、小米、白砂糖、牛乳、生蜂蜜等
平性的食物	鲤鱼肉、墨鱼肉；赤小豆、黑豆、豇豆、四季豆、丝瓜、木耳、百合、莲子、大枣、花菜、土豆、黄花、鸭蛋、杏仁、葡萄、桃子、无花果等

美味佳肴，离不了食盐这个“百味之王”。身体不能缺盐，它是调节体内水分，增强神经肌肉兴奋性，维持酸碱平衡和血压的正常功能的重要物质。

但食盐摄入一定要控制好量，它直接关系到血压的升高。50 岁以上的人和有家族性高血压的人，血压对食盐摄入量的变化更为敏感。高盐饮食还可以改变血压昼高夜低的规律，变成昼高夜也高，发生心脑血管意外的危险性大大增加。超重和肥胖者的血压对食盐更敏感。

知识链接——食盐过量＝慢性自杀

根据我国居民营养和健康状况调查显示，我国居民平均每人每日食盐的摄入量为 12 克，城市为 10.9 克，农村为 12.4 克。广东人膳食平均一天 6～7 克食盐，最清淡；第二是上海人，上海人一天 8～9 克盐，他们喜欢放点糖，不太咸，这也很好；第三就是北京人，一天 14～15 克食盐，这样就多了，应该减掉三分之一或一半；食盐吃得最多的是东北人，一天 18～19 克食盐，这就太多了，要减掉一半以上。调查表明，东北人高血压、心脑血管疾病的发病率最高，广东人发病率就低。其中原因当然很多，但吃盐多少是其中一大因素。

健康成人一天的食盐（包括酱油和其他食物中的食盐量）摄入量是 6 克，世界卫生组织在 2006 年提出了每人每日 5 克食盐的建议。这里指的食盐量是算上调味品、佐料、半成品等的含盐量，把它们全部加起来，总量不能超过 6 克。如果食盐使用量严格控制在 6 克以下，大多数轻度高血压患者的血压可降到正常水平。所有的高血压患者在药物控制加上饮食控制后，都能取得很好的效果。

二、认识人体必需的六大营养物质

食物的成分主要有糖类、脂肪、蛋白质、维生素、无机盐和水六大类，通常称为营养素。具体分类如图 1—1 所示。

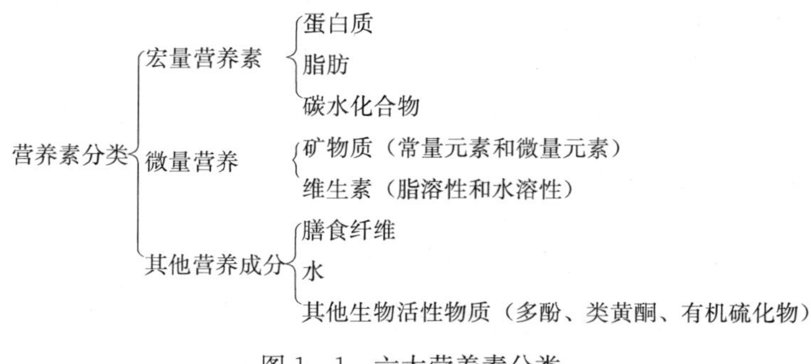

图 1—1　六大营养素分类

1. 糖类

糖可以分为四大类：单糖（葡萄糖等），寡糖（蔗糖、乳糖、麦芽糖等），多糖（淀粉、纤维素等）以及糖化合物（糖蛋白等）。

对于正常人来说，糖类是一种不可缺少的营养物质。肌肉组织的营养来源主要是糖类而不是脂肪物质。单糖对于体弱的病患者来说则是最主要最快捷的营养来源，这正是医院里为无法进食的病人输葡萄糖的原因。糖类食物可提高人体的血糖水平，并向肌肉供能；还可使身体更有效地利用蛋白质，并有助于保持体内适宜的酸碱平衡。

知识链接——吃糖过多的坏处

•如果在短期内大量摄取糖分，糖分进入了血液中，使血糖过高，因为糖分的渗透效应使水分从胃壁进入腔内进行了稀释，进而影响了胃的排空，进而引起腹部不舒服、头晕、恶心等不适的感觉。

•摄取了过多的糖分使血液黏滞度增大、循环量增多，会影响心脏的功能，进而使得肌肉变得僵硬，这对于健身、运动是极为不利的。

•摄取过多的糖分会使得血液中的甘油三酯升高，导致心血管疾病。

•摄取过多的糖会影响钙质的吸收，相对地减少对其他营养成分的摄取，进而造成营养不良。

•过多的糖易导致发胖，因过多的糖分在体内会转变为脂肪。

2. 脂肪

脂肪是人体内产生热量最高的热源物质，称为热能“金库”。含有磷和氮元素的脂肪，是机体细胞生成、转化和生长必不可少的物质。

脂肪在体内起到隔热保温的作用，同时对脏器、组织、关节等像软垫子一样起到支撑、固定、保护的作用，防止损伤，促进生长发育。脂肪溶解并有助于脂溶性维生素的吸收；含有脂肪的膳食比较香，增强食欲，并延缓胃排空时间，维持饱感，减轻胃肠负担。但是过多食用高脂肪食品，往往会引起各种疾病，如脂肪肝、肥胖症等。

植物油所含必需脂肪酸比动物脂肪酸丰富。多食用植物油（如花生油）比多食用动物油对人体更有好处。

知识链接——蔬菜中的“降脂大将”

• 芹菜：芹菜含有丰富的维生素和矿物质，能增强胃肠蠕动，有很好的通便作用，能帮助排除肠道中多余的脂肪。国外已有研究证实，经常食用芹菜的人，体内胆固醇的含量显著下降，而且还能明显地降低血压。

• 苦瓜：苦瓜性凉味苦，含有较多的苦瓜皂甙，可刺激胰岛素释放，有非常明显的降血糖作用，苦瓜中维生素 B1、维生素 C 和多种矿物质的含量都比较丰富，有调节血脂、提高机体免疫力的作用，又有“植物胰岛素”的美称。

• 大蒜：大蒜具有明显的降血脂和预防动脉硬化的作用，并能有效防止血栓形成。经常食用大蒜，能够对心血管产生显著的保护作用。大蒜又被称为“药用植物中的黄金”。

• 茄子：茄子皮内含有丰富的维生素 B，有显著的降低血脂和胆固醇的功能。此外，茄子中还含有大量的皂草甙，也能降低血液中的胆固醇。因此，茄子对于高血压、动脉硬化的患者来说是理想的食物。

• 菜花：菜花有白、绿两种，绿色的也叫西兰花。两者的营养价值基本相同，菜花热量低，食物纤维含量很高，还含有丰富的维生素和矿物质，因此它又称为“天赐的良药”。

• 辣椒：辣椒含维生素 C 的比例在所有食物中最高。维生素 C 可以改善机体微循环，减低毛细血管脆性，同时维生素 C 还能够降低胆固醇的含量，是一种天然的降脂食物。

3. 蛋白质

身体发育需要大量的蛋白质，是生命的“根源”。蛋白质更主要的作用是生长发育和新陈代谢，以实现其各种生理功能、增强免疫力等作用；供给能量、维持体内环境稳定，调节酸碱平衡、渗透压平衡等，同时水的维持和分布也受蛋白质的影响。

蛋白质分为动物蛋白、植物蛋白和血红蛋白。

（1）动物蛋白。是蛋白质的主要来源，如肉类及禽蛋类等，这些食物在提供蛋白质的同时也会使我们食入饱和脂肪和胆固醇等对身体不利的成分。因此选用瘦肉、鱼、去皮鸡肉和蛋清最佳，它们被称为“优质蛋白”。

（2）植物蛋白。是蛋白质的另一来源，主要存在于豆类食物中，植物蛋白含饱和脂肪及胆固醇都很低，同时含有大量膳食纤维，而且物美价廉，适合糖尿病患者食用。

（3）血红蛋白。主要生理功能是在体内输送氧气，能把氧输送到体内各组织，组织再利用氧来氧化糖、脂肪等能源物质，释放能量供运动需要。氧运输多，运动时供氧就多，所以血红蛋白的数量和运动能力相关。

4. 维生素

维生素也是一种重要的营养物质，是促进新陈代谢，调节生理机能，维持人体健康必需的有机化合物，是生命活动的“动力”。

维生素一般不能在体内合成，它存在于食物中，维生素不能供给热量，也不能作为机体组织的部分，只需极少量即可满足需要。但这些极微小的量对人体来说却是必需的。当人体缺乏维生素时，会出现各种维生素缺乏症，轻者症状不明显，但会降低身体的抵抗力和工作效率，重者会表现出血、脚气、夜盲等各种典型症状，甚至导致死亡。维生素的类型及功能见表1—3。

表1—3　维生素的类型与功能

类型	功　能
维生素A	促进生长发育；帮助钙的吸收；防止夜盲症和视力减退，有助于对多种眼疾的治疗；有抗呼吸系统感染作用；有助于免疫系统功能正常；促进发育，强壮骨骼，维护皮肤、头发、牙齿、牙床的健康；有助于对肺气肿、甲状腺机能亢进症的治疗
维生素B1	促进成长；帮助消化；保持肌肉、神经、心脏、代谢和循环系统的正常
维生素B2	促进发育和细胞的再生；增进视力；促进热量代谢
维生素B5	有助于伤口痊愈；可制造抗体抵抗传染病
维生素B6	能适当的消化、吸收蛋白质和脂肪
维生素B12	促进细胞的发育和成熟，帮助蛋白质和脂肪的消化及补充红细胞的生成
维生素C	参与生理氧化过程，促进细胞间质形成，维持肌肉、骨骼的正常功能；治疗受伤、灼伤、牙龈出血；具有抗癌作用；可治疗普通的感冒；预防坏血病
维生素D	提高肌体对钙、磷的吸收；促进生长和骨骼钙化
维生素E	有效地阻止食物和消化道内脂肪酸的酸败；提高肌体免疫力、维护骨骼肌、心肌、平滑肌和心血管系统的正常功能；抗衰老

5. 矿物质

矿物质是人体代谢的“管家”，是调节生理机能、构成身体细胞有机物质的主要原料，有维持和调整机体的功能。

矿物质包含了很多种的物质，比较重要的如：钙，是构成骨骼和牙齿的要素，也是调节心跳和肌肉收缩的主要物质；磷，也是构成骨骼和牙齿的主要物质之一；铁，是构成血红素的主要物质之一，也是体内部分酵素的成分。另外，还有很多其他的矿物质，对身体的生理功能都有重要的影响，都不可以缺少。

知识链接——牛奶中矿物质的作用

- 牛奶中含有钾，可使动脉血管壁在血压高时保持稳定，使中风危险减少一半，还可防治高血压和心脏病。
- 牛奶中的碘、锌和卵磷脂能大大提高大脑的工作效率。
- 牛奶中的铁、铜和维生素A有美容作用，使皮肤保持光滑和丰满。
- 牛奶中的钙能增强骨骼，防止骨骼萎缩和骨折。
- 牛奶中的镁能使心脏和神经系统耐疲劳。
- 牛奶中的锌能促进伤口更快愈合。

6. 水

水是人体不可或缺的营养素之一，是维持生命的必需物质，也是生命的“源泉”。水是人体营养物质及代谢产物运输的载体，维持整个人体环境和生理活动，维持正常循环作用及排泄作用，是体内最好的润滑剂和溶剂，滋润各组织的表面，减少器官间的摩擦；体内有很多物质必须溶于水中才可以反应，同时还具有调节体温、帮助维持体内电解质的平衡。缺水以及摄水过量的影响见表1—4。

表1—4　　缺水以及摄水过量的影响

类型	表　现
缺乏水的影响	体内缺水，一则会加大脑血栓、冠心病的发病率；二则易形成尿结石和尿路感染；三则易使皮肤干燥，皱纹增多，加速人体衰老；四则会引起大便干燥，产生内毒素，引发腹胀、头晕等症状
摄水过量影响	摄食水分过量容易稀释消化液，引起消化不良，不利于身体健康，所以饭前、饭后不宜大量饮水

第三节　健康作息

每天能够精力充沛的前提，是每天能够拥有健康的作息。健康作息是指起卧作息和日常生活的各个方面有一定的规律并合乎自然界和人体的生理常度。它要求人们起居作息、日常生活要有规律，是强身健体、延年益寿的重要原则。任何违反人体自然生活规律的事情，都会给身体的健康造成严重的后果，正确把握作息时间，非常重要。

一、健康作息的保健作用

《素问·上古天真论》说："饮食有节，起居有常，不妄作劳，故能形与神俱，而尽终其天年，度百岁乃去。"这说明起居有常是调养神气的重要法则，人们的寿命长短与能否合理安排起居作息有着密切的关系。健康作息能保养神气，能提高人体对自然环境的适应能力，使人体精力充沛，生命力旺盛，面色红润光泽，目光炯炯，神采奕奕，避免发生疾病，达到延缓衰老、健康长寿的目的。反之，若起居无常，不能合乎自然规律和人体常度来安排作息，天长日久则神气衰败，就会出现精神萎靡，生命力衰退，面色不华，目光呆滞无神。

《内经》告诫人们，如果"起居无节"，便将"半百而衰也"。人进入中年以后，随着年龄的增长，适应能力减退、抵抗能力下降、发病率增加，身体的形态、结构及其功能开始出现一系列退行性变化。生活作息不规律，夜卧晨起没有定时，贪图一时舒适，四体不勤，纵欲无度，其结果必致加速衰老，并进而导致死亡。

二、睡眠对人体健康的作用

充足的睡眠、均衡饮食和适当的运动是健康生活的三大要素。一般人如果两三天没睡好，他们会在几天内补过来而恢复正常。但如果每天少睡 1 个或半个小时，那长期累积下来的"睡债"对一个人会有很大影响。

1. 睡眠不足的危害

睡眠不足会带来许多身心的伤害，如思考能力会下降、警觉力与判断力会削弱、免疫功能会失调、会失去平衡等。

（1）影响大脑思维，工作效率下降。熬夜后，经常会头昏脑涨、注意力无法集中，甚至会出现头痛的现象，长期熬夜、失眠对记忆力也有无形的损伤。实验证明，人的大脑要思维清晰、反应灵敏，必须要有充足的睡眠，如果长期睡眠不足，会使人心情忧虑焦急，且大脑得不到充分的休息，就会影响大脑的创造性思维和处理事物的能力，继而工作效率大打折扣。

（2）睡眠不足催人老。睡眠不足导致黑眼圈、眼袋、皮肤干燥，夜晚是人体的生理休息时间，该休息而没有休息，就会因为过度疲劳，造成眼睛周围的血液循环不良，而引起黑眼圈、眼袋或是白眼球布满血丝。晚上 11 时到凌晨 3 时是美容时间，也就是人体的经脉运行到胆、肝的时段。这两个器官如果没有获得充分的休息，就会表现在皮肤上，容易出现粗糙、脸色偏黄、黑斑、青春痘等问题。对于不习惯早睡的人来说，最迟也要在凌晨 1 时的养肝时间进入熟睡期。

（3）睡眠不足导致各种疾病。经常睡眠不足，会使人经常疲劳，免疫力下降、心情忧虑焦急，由此会导致种种疾病发生，如神经衰弱、感冒、胃肠疾病等。而且，睡眠不足或不规律除了让人们眼睛胀涩、呵欠连连、打盹之外，还会增加多种重大疾病的患病风险，包括癌症、心脏病、糖尿病和肥胖症等。而且，更糟糕的是，长期熬夜会慢慢地出现失眠、健忘、易怒、焦虑不安等神经、精神症状。

2. 健康睡姿

身睡如弓效果好，向右侧卧负担轻。研究表明，“睡如弓”能够恰到好处地减小地心对人体的作用力。由于人体的心脏多在身体左侧，向右侧卧可以减轻心脏承受的压力，同时双手尽量不要放在心脏附近，避免因为噩梦而惊醒。此外不要蒙头大睡或张大嘴巴，睡时用被子捂住面部会使人呼吸困难，导致身体缺氧；而张嘴吸入的冷空气和灰尘会伤及肺部，胃部也会受凉。

知识链接——助眠秘诀

• 晚餐掌握“77”原则。尽量晚上 7 点以前（或至少睡前 3 小时）进食，吃 7 分饱即可，菜品清淡为宜，避免高油脂的肉类及蛋糕点心。

• 经常腹胀气的人晚上要少吃胀气食物，如豆类、洋葱、青椒、土豆、红薯、芋头、玉米、香蕉、面包、柑橘类水果等。

• 晚上禁食大量辛辣刺激性食物，如辣椒、大蒜及生洋葱，会让一些人感觉胃“烧得慌”，因而影响睡眠。

• 用餐之后不要马上躺下睡觉，稍微走一走，帮助消化。

三、健康作息的时间安排

每个人都有自己的生活方式，可以根据自己的生活习惯合理安排作息。表 1—5 是一份比较理想的作息时间，可以参考进行。

表 1—5　　健康作息的时间安排

06：00　排便排毒＋心灵沐浴＋身体沐浴＋开窗换气
免疫系统功能最强，此时醒来能让你有“次晨感觉”。但不要醒来立即下床，最好赖床五分钟，因为从睡着到醒来，体内的生物节奏此时正进行着快速调整，肾上腺皮质激素分泌增加、体温上升、心跳加快……立即坐起会让血压骤升、不利于心血管系统健康。此时也是大肠经当令，大肠开始排毒，应上厕所排便。
07：00　吃早餐补充维生素＋饮水排毒
早餐要含有丰富蛋白质和碳水化合物，如全麦面包、鸡蛋、豆浆、新鲜水果等。经过早餐刺激，消化吸收功能此时最活跃，能更好吸收维生素 A、D、E 等。此时轮到肝脏和皮肤排毒，一杯温水能帮肝脏减压。
08：00　投入工作

续表

记忆力最佳，神经兴奋很高，不易受压力负面影响，体力最旺盛，工作效率最高。
11：30　午餐
此时脾脏运动最强，消化食物和吸收营养的效果最好。午餐搭配要均衡，既要有鸡肉、鱼肉等丰富的蛋白质，也要有含维生素和矿物质丰富绿叶蔬菜、新鲜瓜果。此外，午饭不要吃得太多，否则会对你下午的精神和情绪造成负担。
12：30　适当小憩
半小时午睡时间最佳，不宜过长。
13：30　饮水排毒，咖啡最好
此时热咖啡既能促进脂肪燃烧，又能唤起精力和体力。喝水帮助稀释血液，清除其中的代谢废物。
16：00　补充水果
此时为一天中体温最高的时候，最需要吃水果来补充水分、降低体温，同时滋阴润肤。餐后不要立即吃水果，否则水果的消化时间会被延长，等到被消化吸收之前就已经在胃里被发酵了。
16：30　晒太阳＋饮水排毒
此时阳光以有益健康的紫外线 A 为主，可以促进人体内维生素 D 生成，有助于燃脂和骨骼强健并减少动脉硬化的发病率。晒完太阳喝杯温水是帮助肾脏排毒的好方法。
17：30　晚餐
此时吃晚餐不用怕发胖，因为此时体内消耗能量的生物酶最活跃，而储存能量的激素分泌较低。
19：30　户外散步
晨练不如暮练。此时能最大限度地燃脂和释放压力，散步半小时。
21：00　睡前沐浴＋听音乐＋补钙
此时，为免疫系统（淋巴）排毒时间，此段时间应安静或听音乐。此时身体也能最大限度吸收钙。
22：00　睡觉
此时是昼夜更替、阳气最弱的时候，尤其需要睡觉来养护脏腑。此时皮肤的新陈代谢最旺盛，护肤事半功倍。
22：00—凌晨 1 点，熟睡
为胆排毒时间，需在熟睡中进行。
凌晨 1—3 点，熟睡
为肝的排毒时间，需在熟睡中进行。
凌晨 3—5 点，熟睡
为肺的排毒时间，这是为何咳嗽的人在这段时间咳得最剧烈的原因，此时不应用止咳药，以免抑制废积物的排除。
半夜至凌晨 4 点
为脊椎造血时段，必须熟睡，不宜熬夜。

第四节　健康体育运动

“动则不衰”是我们中华民族养生、健身的传统观点。现代医学认为“生命在于运动”，运动可以提高身体新陈代谢，使各器官充满活力，推迟向衰老变化的过程，尤其是对心血管系统，更是极为有益。

一、体育运动对健康的影响

现代社会中，人们进行体育活动的机会越来越少，冠心病、高血压、脑溢血、肥胖症等与运动不足有关的慢性疾病，已经严重地危害人类健康。

运动保健是人们运用各种身体练习方法及体育手段，并结合自然因素（日光、空气、水等）和卫生措施发展身体、增进健康、增强体质、调节精神、丰富文化生活为目的的身体活动过程。运动保健对人体有良好的健身、健心、健美作用。要想使运动保健能够有效地增强体质，提高健康水平，达到预期的最佳效果，就必须按照科学的原理，遵循一定的原则，讲究锻炼的方法。

二、健康体育运动的原则

在体育运动的过程中，只有正确地理解和运用运动的原理，才能使运动保健获得最佳效果。

1. 自觉积极性原则

毛泽东同志在《体育之研究》一文中指出：“欲图体育之有效，非动其主观、促其对于体育之自觉不可”。也就是说，人们锻炼时要有明确的健身目标，树立锻炼有益于学习、工作和生活的信念，把个人的切身需要与身体锻炼的功效结合起来，更好地激发自己锻炼的热情。认真选择适宜的身体锻炼内容和方法，合理安排适宜的运动负荷，通过身体锻炼获得精神上的满足，感到有乐趣，心情舒畅。以主动积极的态度，自觉地坚持锻炼。

知识链接——情绪不好别锻炼

运动不仅是身体的锻炼，也是心理的锻炼。当你生气、悲伤时，不要到运动场上去发泄。运动医学专家的解释是：人的情绪直接影响着身体的生理机能，而情绪的变化又产生于大脑深部，并扩散到全身，在心脏及其他器官上留下痕迹，这种痕迹将影响人体机能的健康。

2. 从实际出发原则

由于每个参加锻炼者的性别、年龄、职业、体育基础、身体状况、生活条件、锻炼目的等主观客观条件各不相同，在选择锻炼内容、方法和运动负荷时，要因人而异，量力而行，特别要注意选择适量的运动负荷。

如果运动后一点疲劳感都没有，说明运动强度太低了；若是运动后身体十分疲劳，四肢酸软无力，第二天感觉还是困、乏、头昏、疲劳、无力、食欲不振，说明运动量过大了，需要调整、减量；如果运动后有疲劳感，但精神状态良好，体力充沛，吃得香、睡得好，说明运动量适合。

同时，要因地和因时制宜，根据外界环境的实际情况，如地理环境、气候条件、场地器材、环境卫生等，选择适合于自身的锻炼内容和方法。

3. 循序渐进原则

指运动保健的内容、方法和运动负荷等，必须由小到大、由易到难、由简到繁、由低级到高级地逐步进行。在运动保健中，最忌急于求成，想“一口吃成个胖子”，只能事与愿违，甚至还会造成伤害事故或给身体带来某些生理损伤。没有锻炼经历的人，特别是中老年人，心血管系统适应能力较差，突然剧烈的运动容易引起心脑血管意外，只有遵照循序渐进的原则，才能取得良好的锻炼效果。否则，非但不能增强体质，相反，还会引起机体损伤和运动性疾患，损害身体的健康。

知识链接——怎样坚持循序渐进原则?

• 在锻炼内容上，根据自己的身体状况，合理选择，体质不同，锻炼起点也不同。体质较好的人，可选择比较剧烈的活动方式，如各种竞技运动项目；体质较弱的人，开始锻炼时，可选择那些比较缓和的运动，如慢跑、徒手操、乒乓球等。患慢性疾病的人，可选择保健体育的一些内容，如健步走、太极拳、健身气功等。当体质逐渐变好时，锻炼内容也可逐步由缓和变为有一定运动负荷的运动。

• 运动量逐步加大。机体对运动量的承受能力有个缓慢的适应过程，锻炼时运动量要由小到大，待机体适应后再逐步加大。如果运动量长期停留在一个水平上，机体的反应就会越来越小。机体机能的提高，是按照刺激—适应—再刺激—再适应的规律有节奏地上升的，运动量也应随着这种节奏来安排。病后或中断锻炼后再进行锻炼，尤其要注意循序渐进，以免发生意外。

• 每次锻炼过程也要循序渐进。每次锻炼要做准备活动，锻炼后要做好整理活动，如长跑前先做 5～10 分钟慢跑，跑完后也要进行适当的牵拉和放松活动。

4. 全面锻炼原则

全面锻炼原则是指运动保健应全面发展身体的各部位、各器官的机能，提高各种身体素质和基本活动能力，从而达到身心全面和谐的发展。

5. 持之以恒原则

是指身体锻炼必须持之以恒，使之成为日常生活中的重要内容。运动保健要有恒心，人体机能水平的提高，各种运动素质的发展，有赖于较长时期经常性地锻炼。一般每周运动锻炼3～5次，每次间隔不宜超过3天，每周不能少于3次，当然，允许的条件下，坚持每天锻炼一次最为理想。

上述锻炼身体应遵循的几项原则，是互相联系、互相制约的。只有科学地、有目的地、全面地贯彻这些原则，才能不断增强体质，取得预期效果。

三、常见的体育运动项目

1. 跳绳

跳绳花样繁多，可简可繁，随时可做，一学就会，特别适宜在气温较低的季节作为健身运动，而且对女性尤为适宜。从运动量来说，持续跳绳10分钟，与慢跑30分钟或跳健身舞20分钟相差无几，可谓耗时少、耗能大的运动。

知识链接——跳绳计划

法国健身专家莫克设计了一种“跳绳渐进计划”。初学时，仅在原地跳1分钟；3天后即可连续跳3分钟；3个月后可连续跳上10分钟；半年后每天可实行“系列跳”（如每次连跳3分钟，共5次）。

跳绳能增强人体心血管、呼吸和神经系统的功能。跳绳可以预防诸如糖尿病、关节炎、肥胖症、骨质疏松、高血压、肌肉萎缩、高血脂、失眠症、抑郁症、更年期综合征等多种病症，对哺乳期和绝经期妇女来说，跳绳还兼有放松情绪的积极作用，因而也有利于女性的心理健康。

注意事项：

（1）跳绳者应穿质地软、重量轻的高帮鞋，避免脚踝受伤。

（2）绳子软硬、粗细适中。初学者通常宜用硬绳，熟练后可改为软绳。

（3）选择软硬适中的草坪、木质地板和泥土地的场地较好，切莫在水泥地上跳绳，以免损伤关节，并易引起头昏。

（4）跳绳时须放松肌肉和关节，脚尖和脚跟须用力协调，防止扭伤。

（5）胖人和中年妇女宜采用双脚同时起落。同时，上跃也不要太高，以免关节因过于负重而受伤。

（6）跳绳前先让足部、腿部等做些准备活动，跳绳后则可做些放松活动。

2. 登高

登高能使肺通气量和肺活量增加，血液循环增强，脑血流量增加，小便酸度上升。秋日登高，由于气候的独特，气象要素的变化对人体生理机能还有些特殊的益处。

登山时，随着高度在一定范围内的上升，大气中的氢离子和被称作“空气维生素”的负氧离子含量越来越多，加之气压降低，能促进人的生理功能发生一系列变化，对哮喘等疾病还可以起到辅助治疗的作用，并能降低血糖，增高贫血患者的血红蛋白和红细胞数。

当然，对年老体弱者，不可一味强调这种保健效果，登高时间要避开气温较低的早晨和傍晚，登高速度要缓慢，上下山时可通过增减衣服达到适应空气温度的目的。高血压、冠心病等患者更要量力而行，以防产生不测。

3. 有氧健步走

健步走是一项以促进身心健康为目的、讲究姿势、速度和时间的一项步行运动，它行走的速度和运动量介于散步和竞走之间。突出的特点是：方法易于掌握，不易发生运动伤害；不受年龄、时间和场地的限制，不同年龄人群可根据自己的时间随时随地进行锻炼；运动装备简单，只需一双舒适合脚的运动鞋；在良好自然环境中结伴健步走，不仅锻炼了身体，还能欣赏自然美景，促进人际交流，陶冶身心。

4. 游泳

游泳作为一种常见的身体锻炼项目，是增强心肌功能最为理想的运动之一。人在水中运动时，各器官都参与其中，耗能多，血液循环也随之加快，以供给运动器官更多的营养物质。血液速度的加快，会增加心脏的负荷，使其跳动频率加快，收缩强而有力。经常游泳的人，心脏功能极好。长期游泳会有明显的心脏运动性增大，收缩有力，血管壁厚度增加弹性加大，每搏输出血量增加。所以，游泳可以锻炼出一颗强而有力的心脏。游泳也会加强肺部功能，提高对疾病的抵抗力和免疫力有很好的促进作用。同时，游泳也是保持身材、护肤最有效的运动之一。

5. 太极拳

太极拳外练全身的关节、骨骼、肌肉，内练意志、精神气质、神经功能。起初练的是动作、姿势、筋骨和皮肉，深入进去练的是意念、内气活动，从而由外至内、由内向外锻炼。这种方式不是简单的活动，是在意念的支配下，使人的神经系统、运动机能和呼吸系统、循环系统、消化系统、免疫系统等得到全面的改善，它的健身价值是全面的、自然的、科学的。

6. 冷水浴

所谓冷水浴，就是用5～20℃之间的冷水洗澡。冷水浴的保健作用十分明显。第一，它可以加强神经的兴奋功能，使得洗浴后精神爽快，头脑清醒；第二，冷水浴可以增强人体对疾病的抵抗能力，被称作是“血管体操”；第三，洗冷水浴还有助于消化功能的增强，对慢性胃炎、胃下垂、便秘等病症有一定的辅助治疗作用。

常见的冷水浴有以下四种：头面浴，即以冷水洗头洗脸；脚浴，双足浸于水中，水温可从20℃左右开始，逐渐降到5℃左右；擦浴，即用毛巾浸冷水擦身，用力不可太猛，时间不宜太长，适可而止；淋浴，先从35℃左右温水开始，渐渐降到用自来水洗浴。

进行冷水浴锻炼应循序渐进，包括洗浴部位由局部到全身，水温由高到低以及洗浴时间的由短到长。必须说明的是，冷水浴并非对每个人都适合。有些人的皮肤对冷水敏感，遇到冷水就会产生过敏症状，如起疹子、生紫斑等，这类特异体质的人就不能进行冷水浴；此外，患有严重高血压、冠心病、风湿病、空洞性肺结核、坐骨神经痛以及高热病人都不可进行冷水淋浴。

四、日常体育运动的注意事项

1. 注意选择正确服装

日常锻炼时要穿着宽松，有弹性，透气吸汗、不沾身的衣服，弹性较好的鞋，透气吸汗的袜子，以保证动作不受束缚。冬季寒冷天气锻炼要带好防寒手套、帽子、擦汗毛巾，空气质量差时备好口罩。到室外离家较远的运动场锻炼时，路途中穿好羽绒服、大衣等保暖衣物。

2. 运动之前要注意热身

无论进行的运动强度高低，充分的热身、准备活动都是必不可少的。准备活动可以改善全身的血液循环，使肌肉供血充分，增加肌肉的力量和弹性，提高体温，增强关节的活动性和肌肉的柔韧性，预防和降低肌肉、肌腱、关节的运动损伤。

3. 运动后的放松也要注意

运动后累了就迫不及待地坐下休息，实不可取。因为人在激烈的运动后，肌肉收缩活动已经停止，但内脏器官、呼吸系统的活动仍处在较高的水平上。如果立即坐下或躺下休息，血液还会被心脏很快地送往四肢，而四肢不动，不能很快地把血液送回心脏，就容易造成头晕、呕吐甚至休克等反常性的生理现象，不但不能缓解疲劳还易造成身体伤害。要注意采取缓慢地走或跑，牵引肌肉，深呼吸等放松运动、整理运动，有助于加速代谢产物的排除，放松肌肉，尽快消除疲劳，促进体力的恢复，减少肌肉酸痛感。

4. 选择适合自己的运动

选择一项自己喜欢的运动，有助于坚持锻炼、愉悦身心达到很好的运动效果。按照自己的年龄、性别、一直以来的锻炼经历，主观意愿和客观的锻炼条件为原则进行。比如乒乓球、有氧健步走、健身操、交谊舞、骑车、游泳、太极拳、扭秧歌都是适宜各类人群的健身运动好项目。

五、四季体育运动须知

1. 春季体育运动须知

春季生机勃发，是进行晨练比较好的季节。但春季也是各种疾病多发的季节，因此，春季运动要注意以下几点：

（1）注意晨练时间。春天，晨间气温低，湿度大，雾气重，因室内外温差悬殊，人体骤然受冷，容易患伤风感冒，使哮喘病、“老慢支”、肺心病等病情加重，故春天锻炼应在太阳升起后到户外运动为宜。

（2）注意选择合适的运动项目。一般来说，老年人以慢跑、散步、舞剑、做医疗体操为宜；中年人以长跑、爬山、打球为佳；少年儿童则以跑步、跳绳、打羽毛球、做广播体操为好。

（3）注意锻炼前的准备活动。运动前必须先活动腰部与四肢的关节，搓搓手、脸、耳等暴露于外的部位，以促进局部血液循环，防止和避免扭伤的发生。

（4）注意感官卫生。春天雾多、风大，锻炼时肢体裸露部分不宜过大，以防雾湿的侵袭，要学会鼻吸口呼，不要呛风锻炼，练习场所宜选在宽阔的田野或宁静的湖畔，以摄取较多的“空气维生素”——阴离子，起到健脑驱劳，振奋精神的作用。

（5）注意防寒保暖。早春气候多变，户外锻炼时衣着穿戴要适宜，随时注意防寒保暖，以免出汗后受凉，切忌在大汗淋漓后脱下衣服或在风口处休息，剧烈活动后，不应骤停休息，锻炼后，应用干毛巾擦干身上的汗水，并及时穿好御寒衣服。

（6）注意运动强度。锻炼的强度一般应在锻炼后一小时恢复正常为合理，反之，即为超量运动，应及时调整运动量。

（7）注意加强健康监护。心肝肾等脏器有严重疾患者，须经医生同意后才能进行锻炼，且只适宜进行时间较短，强度较小的运动。

2. 夏季体育运动须知

夏季气温高，体力消耗大，身体消耗常得不到及时的补充，身体往往比较虚弱。过量运动会致使血糖偏低、抵抗力下降，严重的则会导致昏厥，对健康反而不利，所以夏季健身尤其要把握运动量。

在运动项目的选择上，游泳是夏季最好的健身项目，不但可以起到全身锻炼的目的，而且可以起到降暑的作用。其他如泡温泉、健身操、瑜伽以及机械锻炼等都是不错的室内运动健身项目。

夏季体育运动的注意事项有以下几个方面：

（1）调整锻炼时间。晨练应当尽量推迟。夏季很多人习惯早起参加运动保健，这是一个误区。其实早晨空气中的二氧化碳浓度较高，难以呼吸到充足的氧气。另外，经过夜间睡眠，早晨人体的血液黏度比较大，流动不畅，加上天热，身体内的水分蒸发较多，晨练过早，容易导致心血管疾病。夏季要保持低运动量、短时间，让身体慢慢适应炎热的天气。

(2) 避免高温“作业”。夏季的大部分地方，正午时分到下午两点期间是阳光最强的时候，尤其要尽量避免在阳光强烈时进行户外运动，因为这个时间里紫外线特别强烈，对人的皮肤有直接伤害，会灼伤皮肤，甚至使视网膜、脑膜也受到刺激。健身过程中应尽量避免在阳光最强的时候在室外健身，可以戴上太阳镜、太阳帽，也可以使用一些护肤产品，保护眼睛和皮肤。

(3) 要适量饮水和合理摄入食物。夏季人体水分蒸发较多，饮水对参与健身的人来说尤为重要，建议运动前半小时喝800毫升水。如果户外运动时间超过30分钟，一定要带瓶水，最好是能够补充盐分的，因为大量饮水的结果只会使出汗更多，而盐分也会进一步流失，引发痉挛、抽筋，建议采用少量多次的喝法，每次喝水只喝几口。如果外出健身，要少饮勤饮，不要等到口渴了再去饮水，切忌狂饮。另外，运动后也不可过量吃冷饮或者狂饮，因为这样会对胃有很大的刺激，使机体突然性的内冷外热而失去平衡，而且当饮水超过1 000毫升时，就会通过身体调节机制，造成水利尿，反而造成水分的流失。而且运动后大量饮水，会给血液循环系统、消化系统，特别是给心脏增加负担，更加疲劳。运动前一个小时要吃些主食或者水果。这是为了防止摄入热量过低，造成体力不佳。

(4) 选择吸汗服装。在夏天运动，温度湿度都很高，一定要穿吸汗的棉衫，不要穿紧身运动服，如果湿度排不出去，会对心脏造成很大的压力。并且不可以用自己的身体来烤干衣服，最好准备一套干衣服，特别是上衣，运动后马上换下湿衣服，否则容易引发风湿或关节炎等病症。

(5) 降温不可太急。运动后不要马上洗冷水澡或吹电扇开空调。因为运动后全身各组织器官新陈代谢增加，皮肤中的毛细血管大量扩张，此时如马上洗冷水澡或吹电风扇，毛细血管遇冷马上收缩，汗腺关闭，会使人感到更热不可耐，也会打乱体内器官正常功能，容易患伤风感冒。

(6) 莫忘防暑措施。如果做户外运动，最好戴上运动墨镜、太阳帽，搽上防晒霜来防止紫外线的侵袭，并带上清凉油、藿香正气水（丸）来预防中暑。有条件的话，最好再带上一个心率监控器。

3. 秋季体育运动须知

秋令时节，若能坚持适宜的体育运动，不仅可以调心养肺，提高内脏器官的功能，而且有利于增强各组织器官的免疫功能和身体对寒冷的抵御能力。

秋季适宜的体育运动包括登高、洗冷水浴等。但是由于秋季早晚温差大，气候干燥，要想收到良好的健身效果，还需要“四防”。

(1) 防运动拉伤。因为人的肌肉和韧带在气温较低的情况下会反射性地引起血管收缩，黏滞性增加，伸展度降低，关节的活动幅度减小，神经系统对肌肉的指挥能力下降，锻炼前若不充分做好准备活动，会引起关节韧带拉伤、肌肉拉伤等。准备活动的时间和内容可因人而异，一般以做到身体发热为宜。

（2）防受凉感冒。秋日清晨气温低，不可穿着单衣去户外活动，应根据户外的气温变化来增减衣服。锻炼时不宜一下脱得太多，应待身体发热后，方可脱下过多的衣服。锻炼后切忌穿着汗湿的衣服在冷风中逗留，以防身体着凉。

（3）防运动过度。秋天是锻炼的好季节，但此时因人体阳气正处在收敛内养阶段，故运动也应顺应这一原则，即运动量不宜过大，以防出汗过多，阳气耗损，运动宜选择轻松平缓、活动量不大的项目。

（4）防秋燥。秋天气候干燥，温度较低，易引起咽喉干燥、口舌少津、嘴唇干裂、鼻出血、便秘等症。对于运动者来说，每次锻炼后应多吃些滋阴、润肺、补液生津的食物，如梨、芝麻、蜂蜜、银耳等。

4. 冬季体育运动须知

冬季气温低，空气相对洁净，呼吸道舒适，能促进全身血液循环，还可锻炼人们的意志力，在冬季进行适当的体育运动对促进人体健康有良好作用。

冬季运动要选择动作幅度较小、热量消耗较大的有氧运动。这是因为冬季气候寒冷，爆发性的无氧运动容易引起身体不适。

冬季运动具体项目根据年龄差异而有所不同。年轻人可以选择跑步等高强度的有氧运动，这样可消耗更多热量，锻炼的时间应该比春夏季多出10～15分钟。在运动时间安排上，年轻人由于身体对气候的适应能力较强，体质较好，体力恢复快，冬季健身时间可以安排在早上和下午。中年人可选择快走、慢跑、爬楼梯等低强度的有氧运动。中年人适应能力稍差，可以在下班后，18—20时身心比较放松的时间段进行锻炼。老年人可安排散步、瑜伽、太极拳等项目。

冬季运动要注意以下几个方面：

（1）一定要注意保暖，以防感冒等疾病的发生，冬季保暖对人体的各个关节、骨骼都能起到保护作用。

（2）要注意热身。运动无论是在室内还是室外，都必须做好充分的热身。避免造成肌肉拉伤、关节扭伤。

（3）适当提高强度并注意运动前后要及时补充水分。

知识链接——冬季运动时间选择

人体活动受“生物钟”控制，按“生物钟”规律来安排运动时间，对健康更有利。冬季健身在下午2—7时之间比较理想。此时，室外温度比较高，人体自身温度也比较高，体力也比较充沛，很容易兴奋，比较容易进入运动状态。

下午（2—4时）：是强化体力的好时机，肌肉承受能力较其他时间高出50%。

黄昏（5—7 时）：特别是太阳西落时，人体运动能力达到最高峰，视、听等感觉较为敏感，心跳频率和血压也上升。

冬季要比其他季节的运动时间多 10～15 分钟。健身要坚持，不能因工作忙或天气寒冷时断时续。

六、特殊人群的体育运动

1. 青少年体育运动

青少年时期是运动健身的黄金时期，对青少年的生长发育起着至关重要的作用。合理的运动保健可以促进少年儿童生长发育，而运动保健的项目选择、锻炼方式等，都必须符合青少年身体发育的特点和年龄特征。家庭要为青少年参加体育运动树立榜样，要为孩子参与各种体育运动创造机会。

根据青少年的生理特点，在锻炼过程中应注意以下几个方面。

（1）青少年的心肌纤维较细，收缩力弱，“泵血”功能差，心率快、血压低和调节功能不完善，呼吸系统功能较弱，所以，不宜做运动量和强度负荷过大、过激烈、时间过长和“憋气”的运动。

（2）因肌肉含蛋白质和无机物较少且含水分较多，从而使肌肉肌力弱、易疲劳但恢复快；加上骨骼含有机物多、无机物少（不易骨折但易变形）以及关节韧带力量薄弱而关节的稳固性较差，骨骼耐受压力和肌肉拉力的功能比不上成人，骨骼容易发生弯曲、变形。为了防止脊柱、胸部、骨盆及下肢骨的变形，除要注意培养正确的坐、立、走、跑及其他运动姿势外，不要长时间的反复跑跳；力量练习的负荷不能过大、时间不要过长。

（3）青少年脊柱生理弯曲度较成人小，缓冲作用比较差，所以不宜在硬的地面上反复进行跳跃练习，避免下肢骨过早骨化或引起骨骺软骨损伤，从而影响骨的正常生长发育和身高的增长；同时要避免过多的从高处往下跳的练习，防止造成骨盆与下肢骨的发育变形。不宜过早从事力量型项目练习，若练习重量过重、时间过长、次数过多，影响下肢的正常发育，还会导致腿部变形和扁平足。

（3）根据青少年易兴奋，活泼好动但易疲劳等特点，在运动保健时，除要控制运动量和强度以及运动时间不能过长外，还要相应增加运动时的间歇次数。在锻炼关节柔韧性的同时要注意加强关节周围肌肉力量的练习，以防止发生关节韧带扭伤或关节脱位。

（4）根据青少年身体素质自然增长期和发展敏感期的特点，在体育健身锻炼时，应优先安排速度、灵敏、柔韧素质练习项目；其次，安排耐力素质练习项目，继而安排力量素质练习项目，使身体素质和运动能力的发展同步增进。

（5）应该注意身体各部分的全面锻炼，对非对称性项目（如乒乓球、羽毛球、投掷、跳高、跳远等），要特别注意加强对侧肢体的锻炼，使肢体匀称发展。合适的锻炼项目应宜以灵敏性、协调性、柔韧性活动项目为主，如简易武术、体操（徒手体操和简单的艺术体操、垫上运动）、原地的跑和跳，并养成用鼻子呼吸的卫生习惯。

（6）合适的运动场所。应多选择在风和日暖的户外，以利于骨的生长发育；同时，还应选择运动人群和器具较多并且安全的运动环境，以满足其运动特点和人际交往需求，但绝不是空气混浊之地。

2. 中老年体育运动

45～50 岁后人体新陈代谢水平、心输出量、肺活量明显降低，肌肉中能量物质储存下降，参与代谢的酶的活性降低，各种生理机能都呈逐渐下降趋势。

适当的运动保健对增强心肺功能有良好影响，可以促进中老年人生理机能改善，预防疾病，延缓衰老，提高对外界环境的适应能力和工作能力。但不合理的体育运动不仅达不到预期的效果，还有可能影响身体健康。中老年人在选择锻炼方法和安排运动负荷时，应根据性别、年龄、职业、健康状况，对锻炼的爱好和原有基础、生活条件等情况来确定。根据中老年的生理特点，在锻炼过程中要遵循以下原则：

（1）因人而异。中老年人在选择锻炼方法和安排运动负荷时，应根据性别、年龄、职业、健康状况，对锻炼的爱好和原有基础、生活条件等情况来确定。锻炼要选择适宜的体育活动内容，项目应使全身都得到活动，不适宜选择速度型和力量型项目，而适宜选择提高心肺功能、动作缓慢柔和的有氧代谢为主的全身运动项目，如太极拳、气功、保健操、游泳、慢跑、散步、门球等。在安排运动负荷时要量力而行，切忌过大，以保安全。从主观感觉来说，合适的运动负荷应该是锻炼后睡眠正常、食欲良好、精神振奋、情绪愉快。

（2）持之以恒。人的组织器官是“用进废退”的，坚持经常锻炼，可以促进新陈代谢，使肺活量加大，心血管功能加强。如果长期不锻炼，各器官系统的机能就会慢慢消退，体质也会逐渐衰弱下去。因此，坚持经常锻炼是收到良好效果的重要条件，在时间安排上可每天进行，也可每周不少于 3～4 次。

（3）循序渐进。中老年人新陈代谢功能相对较弱，各器官系统机能的适应能力相对较差，锻炼者对活动方法和运动负荷等，应逐步合理地提高要求，以获得更好的效果。一个没有锻炼基础的人，开始时应选择散步、短距离慢跑或走跑交替等活动，然后再从时间、距离、强度上逐渐提高。已有锻炼基础的人也要注意合理的运动负荷，逐渐加大运动量和强度，不断提高运动能力。

（4）娱乐健身。中老年人在选择适合自己的运动项目时，要考虑既调节精神，又丰富文化生活的体育活动。不要长时间只参加某一项目，或只锻炼身体某一个部位。要选择一些适合中老年人参加、娱乐性较强的项目，提高自己参加活动的兴趣，在高高兴兴中得到锻炼。

（5）安排合理。平时要经常检查血压、脉搏、体重等变化，定期到医院查体；要有良好的生活制度，作息时间要规律化，不吸烟、不酗酒；运动保健要与自然力锻炼（日光浴、空气浴、水浴等）相结合；根据需要合理安排营养，以确保运动保健更好地促进身体健康和身心愉快。

(6) 注意安全。最好结伴锻炼。运动锻炼前要做好准备工作，还应注意周围的环境安全，以免身体受到伤害。锻炼时最好约几位伙伴共同锻炼，既可以相互督促和勉励，又能相互照料，防止不测。

3. 女性特殊时期的体育运动

很多人认为女性在月经期、妊娠期和哺乳期等特殊时期应有一个安静的环境，应注意休息，尽量减少活动，这种认识是片面的，不完全正确。其实，适宜自身的体育运动对于特殊时期的女性来说是十分重要的。当然，这种锻炼要注意不同的时期采取不同的类型、强度及其持续时间，以取得最大的好处。

(1) 月经期。月经期又称作“例假”，似乎就是应该休息的时期，但并不是卧床休息。适当的体育活动，对于月经过少的女性来说，可增加子宫内的血液循环，促进子宫内膜的脱落；对于有痛经的患者，可减轻其心理上的压力，驱除精神上的紧张，缓解子宫痉挛的程度，有益于痛经的康复。

(2) 妊娠期。适宜的运动保健，可帮助妇女身体适应妊娠，促进全身的血液循环，有助胎盘的生长。即使在妊娠早期，孕妇的体育活动也不会增加自发流产、宫外孕、先天性畸形或其他异常胎盘形成的危险。

(3) 哺乳期。哺乳期进行适宜的运动保健，其好处不仅仅表现在母体、胎儿当时，更有益于终生。哺乳期营养过剩或不当是相当普遍的，由此造成的产妇肥胖已司空见惯。运动保健还可以促进产后康复，有利于乳汁分泌。

(4) 计划怀孕前。夫妻双方在计划怀孕前的一段时间内，若能进行适宜而有规律的运动保健，不仅可以促进女性体内激素的合理调配，确保受孕时女性体内激素的平衡与精子的顺利着床，避免怀孕早期发生流产，而且可以促进孕妇体内胎儿的发育和日后宝宝身体的灵活程度，更可以减轻孕妇分娩时的难度和痛苦。

(5) 更年期。女性更年期要根据自己的特点和条件，以锻炼为主来选择合适的运动项目，合理地安排时间和场地，因人因地因时制宜，以期获得良好的运动效果。

4. 患病者体育运动

(1) 哮喘患者的体育运动。适当的体育活动，不但可增强患者的体质，而且还可减少哮喘的发作。但哮喘患者有些问题在运动保健中必须予以注意。

1) 预备工作。患有哮喘的患者在运动前（尤其在剧烈的跑步之前），有较久的暖身运动（最好 30 分钟左右），做步行或体操至全身热起来或微微出汗，然后做慢跑、登楼式游泳等练习，结束时应作放松运动，使心率逐步恢复。或是运动前适当的使用支气管扩张剂，可减少或减缓其发作的严重程度。

2) 运动强度。以不引起哮喘发作为度，运动强度开始时宜较低，以后酌情提高。可进行间歇性运动，如跑 10 秒钟休息 30 秒钟，或跑 20 秒钟休息 60 秒钟，运动强度应控制在运动时的最高心率 170 减年龄数字的水平。主观感觉以稍有气急，尚能言谈为宜。有条件时作分级负荷运动试验测定最高心率，以最高心率的70%为运动心率，以后逐步提高到85%～90%。

3）运动类型。应在医生的具体指导下选择，如慢跑、散步、打球、太极拳、气功、游泳等运动。为了增进心肺功能储备，增强体质，宜在发作缓解期进行适当的耐力性运动练习，以改善有氧代谢能力。具体方法视体力情况而定，体力较差时做散步、太极拳等低强度的运动练习；体力较好时练习较快的步行、慢跑、缓慢的登楼、游泳等。

4）运动时间。每次锻炼持续30～45分钟，体弱者可自15分钟开始，逐渐延长。易发生运动性哮喘者宜用间歇运动法，并于运动前适当用药最好。

5）运动环境。运动时吸入冷而干燥的空气可加重支气管痉挛，吸入暖和潮湿的空气可减轻支气管痉挛。因此，运动时最好在暖和温润的环境中进行为好。游泳尤其是温水游泳对哮喘患者非常适宜。

（2）老年糖尿病患者的体育运动。老年糖尿病患者也必须参加体育运动，持之以恒、切合实际的运动可使患者血糖、血脂下降，体重减轻，体质增强，而且精神愉悦，充分享受美好的金色年华。运动前要对身体状况做一次细致全面的检查，充分了解自己的病情，有些问题在运动中必须予以注意。

1）运动前要对身体状况做一次细致全面的检查，充分了解自己的糖尿病及并发症到了什么程度，以便选择最适当的运动方式、运动时间和运动强度。

2）避免过分剧烈的运动，避免可能引起血压急剧升高或者造成心、脑血管意外的运动方式，比如强烈对抗性运动、登梯爬高、用力过猛的运动和倒立性运动等。

3）运动要适量，要注意适可而止，以免运动过量，反而影响健康。

4）老年人糖尿病患者皮酥骨脆，在运动中要善于保护自己的皮肤及骨骼，避免穿过硬、过紧的鞋子，以防皮肤损伤或发生骨折。

（3）高血压患者的体育运动。适当的体育运动对高血压的防治是很有益的，常见的适合高血压患者的体育运动如下：

1）散步。各种高血压患者均可采用。作较长时间的步行后，舒张压可明显下降，症状也可随之改善。散步可在早晨、黄昏或临睡前进行，时间一般为15～50分钟，每天一两次，速度可按每人身体状况而定。在户外空气新鲜的地方散步，对防治高血压是简单易行的运动方法。

2）慢跑或长跑。慢跑和长跑的运动量比散步大，适用于轻症患者。高血压患者慢跑时的最高心率每分钟可达120～136次，长期坚持锻炼，可使血压平稳下降，脉搏平稳，消化功能增强，症状减轻。跑步时间可由少逐渐增多，以15～30分钟为宜。速度要慢，不要快跑。患有冠心病则不宜长跑，以免发生意外。

3）太极拳。太极拳动作柔和，全身肌肉放松能使血管放松，促进血压下降。打太极拳时用意念引导动作，思想集中，心境宁静，有助于消除精神紧张因素对人体的刺激，有利血压下降。太极拳包含着平衡性与协调性的动作，有助于改善高血压患者动作的平衡性和协调性。太极拳种类较多，有繁有简，可根据个人身体状况选择。

第五节　疲劳与恢复

一、认识疲劳

疲劳是一种生理现象，也是一种保护性机制，是运动本身引起的机体工作能力暂时降低，经过适当时间休息和调整可以恢复的生理现象。只要不是过度疲劳，疲劳时工作能力下降，经过一段时间休息，工作能力就会恢复，并不损害人体的健康。

1. 疲劳的程度

由于劳动量、运动量不同，每个人情况不一样，产生的疲劳也有不同程度之分。一般将疲劳分成三个层次：轻度、中度和非常疲劳。运动后产生疲劳感是正常的。轻度疲劳可以在短时间内消除；中度疲劳通过采取一系列手段也很快能消除，不会影响身体；但如果重度疲劳不能及时消除，就会影响生活，损伤身体。

2. 疲劳的症状

无论是体力劳动还是体育运动的负荷超过于机体承受的能力，而产生的暂时的生理机能减退现象即为疲劳。身体会产生一定的疲劳感，疲劳大体分肌肉疲劳、内脏疲劳、神经疲劳。

疲劳的程度一般可以通过运动者的自我感觉和某些外部表现来判断，见表 1—6。

表 1—6　疲劳的表现

疲劳类型	表　　现
肌肉疲劳	肌肉力量下降，动作迟缓，不灵敏，动作慢且协调能力下降，收缩速度放慢，肌肉出现僵硬、肿胀和疼痛，同时伴有失眠、烦躁与不安
神经疲劳	注意力不集中，记忆力障碍，理解、推理困难，脑力活动迟钝、不准确
内脏疲劳	呼吸变浅变快，心跳加快

轻度疲劳稍事休息即可恢复，属正常现象；中度疲劳有疲乏、腿痛、心悸的感觉；重度疲劳除疲乏、腿痛、心悸外，尚有头痛、胸痛、恶心甚至呕吐等征象，而且这些征象持续时间较长。躯体性疲劳常因活动的种类不同而产生不同的症状。

3. 疲劳恢复的重要性

如果经常处于疲劳状态，前一次运动产生的疲劳还没来得及消除，而新的疲劳又产生了，疲劳就可能积累，久之会产生过度疲劳，影响身体健康和运动能力。如果运动后能采取一些措施，就能及时消除疲劳，使体力很快得到恢复，消耗的能量物质得到及时的补充甚至达到超量恢复，就有助于身体素质的不断提高。

二、科学的疲劳恢复方法

产生疲劳后，一般来说，轻度疲劳，身体会迅速恢复；中度疲劳则需要较好地调整和休息；重度疲劳要尽快使身体的各项生理指标恢复到原水平或要做到超量恢复。因此，要根据具体对象的具体情况采用各种不同的恢复手段，以加速恢复过程，恢复方法是多方面的。

1. 消除疲劳的途径

（1）用各种方法使肌肉放松，改善肌肉血液循环，加速代谢物排出及营养物质的补充。如整理活动、水浴、蒸汽浴、桑拿浴、理疗、按摩等。

（2）通过调节神经系统机能状态来消除疲劳。如睡眠、气功、心理恢复、放松练习、音乐疗法等。

（3）通过补充机体在运动中大量失去的物质，促进疲劳的消除。如吸氧、补充营养物质及利用某些中药来调节身体机能等。

2. 消除疲劳的方法

（1）心理恢复。心理恢复主要是通过意念活动来实现的，通过一定的套语暗示以达到身体恢复的目的。常用的有松弛技术和呼吸调整。

1）松弛技术意念心理恢复。心理恢复主要是意念活动，通过一定的套语暗示进行导引，使肌肉放松，心理平静。从而调节植物性神经系统的机能，然后再运用带有一定愿望的套语进行自我动员。如暗示性的睡眠休息、肌肉松弛、心理调节训练。实践证明，采用上述方法能促进身体疲劳的尽快消除，加快身体的恢复过程。另外，舒适幽雅的环境、听音乐等可以减弱田径训练的枯燥单调，消除疲劳。

松弛技术有助于防止肌肉和关节的僵硬，保持肌肉弹性，加速机体恢复。采用的方法见表1—7。

表1—7　　松弛技术

姿态	动　作
仰卧	两腿自然伸直稍叉开，两臂置于体侧
侧卧	两腿半屈，两臂置于胸前半屈
坐姿	两手放在腿上，头稍低

上述三种姿势无论采用哪一种都要闭目，以一定的套语自我暗示，如："我是非常安静的，从头到脚逐步得到放松。"这样的练习每天在训练后做一次，每次10分钟，套语可根据需要自我设计。实践证明，这种方法能促进身体疲劳的尽快消除，加速身体的恢复过程。

2）呼吸调整。呼吸调整是心理恢复的又一手段，一般可按照一定的顺序进行。具体做法见表1—8。

表 1—8　　呼吸调整

①吸气—憋气—呼气，反复做 10 次。
②采用自然呼吸法，每次做 1～2 分钟。
③采用呼吸与听力相结合的办法，可以转移注意力，精神集中，每次做 2 分钟。
④深吸气—长憋气—慢呼气，反复做 10 次。
⑤身体放松 1～2 分钟。

（2）物理恢复。通过整理活动和按摩等物理手段进行疲劳恢复。

1）整理活动。整理活动是消除疲劳，促进体力恢复的一种良好方法。

剧烈运动后骤然停止，会影响氧的补充和静脉血回流，使血压降低，引起不良反应。因此，运动后应做整理运动。它是一种积极的休息方式，是消除疲劳，促进体力恢复的一种良好方法，一定要坚持做。动作缓慢、放松可以使精神、肌肉、内脏比较一致地恢复平静，提高恢复体力的效率。而且剧烈运动后进行整理活动，可使心血管系统、呼吸系统仍保持在较高水平，有利于偿还运动时所欠的氧债。整理活动使肌肉放松，可避免由于局部循环障碍而影响代谢过程。

整理活动包括慢跑、呼吸体操及各肌群的伸展练习。运动后作伸展练习可消除肌肉痉挛，改善肌肉血液循环，减轻肌肉酸痛和僵硬程度，消除局部疲劳，对预防运动损伤发生也有良好作用。

2）按摩。按摩是有效的恢复手段，可以促进血液循环，加速疲劳消除及机能的恢复。用推、揉、捏、按、压、拍击、抖动等手法按摩肌肉，能使肌肉中毛细血管扩张和开放，使局部的血液循环和营养得到改善，并可加速肌肉运动中废物——乳酸的排除，从而达到消除疲劳的效果。按摩可在运动结束后或晚上睡觉前进行。

3）睡足睡好。睡眠是消除疲劳、恢复体力的好方式。睡眠时大脑皮层的兴奋过程降低，体内分解代谢处于最低水平，而合成代谢过程则相对较高，有利于体内能量的蓄积。

产生疲劳后，良好的睡眠方式有助于疲劳的恢复，注意以下要点：第一、就寝前尽量使精神状态趋于平静；第二、避免外界刺激；第三、室内空气保持新鲜；第四、就寝前应洗脚，有助于尽快入睡，使疲劳快速消除。

4）温水浴。温水浴是最简单易行的消除疲劳方法。温水浴可促进全身的血液循环，调节血流，加强新陈代谢，有利于机体内营养物质的运输和疲劳物质的排除。水温为 42℃左右为宜，时间为 10～15 分钟，勿超过 20 分钟。运动结束半小时后，还可进行冷热水浴。冷水温为 15℃，热水温为 40℃。冷水淋浴 1 分钟，热水淋浴 2 分钟，交替 3 次。

（3）饮食及药物恢复。良好的饮食和药物摄入，能够帮助人们迅速地消除疲劳。

1）合理安排饮食。运动中产生疲劳的重要因素之一，就是能量供应不足，运动中各种营养物质消耗增加，运动后要及时补充，又助于消除疲劳，恢复体力。疲劳时，注意补充能量和维生素，尤其是糖、维生素 C 及维生素 B1，夏季或出汗较多时，应补充盐分与水。食品应富有营养和易于消化，并尽量多吃些新鲜蔬菜、水果等碱性食物。

但不同性质的运动项目需要补充不同营养。速度性的项目应补充含较多易吸收的糖、维生素 B1 和维生素 C 较多的蛋白质和磷；耐力性的项目要多供给糖以增加糖储备，同时还要增加维生素 B1、维生素 C 和磷；力量性的项目需要增加蛋白质和维生素 B2。因此在运动中适时地补充有关营养物质，既能提高身体的抗疲劳能力，又能帮助运动疲劳的消除。

2）适当使用药物。适当使用药物对疲劳的消除也有较好效果。一些中药，如黄芪、刺五加、参三七等，都有调节中枢神经系统的功能，扩张冠状动脉和补气壮筋的作用，对促进疲劳的消除有较好的效果。

第六节　危害健康的行为

一、吸烟的危害

1. 吸烟的致癌隐患

吸烟致癌已经公认。英国一项历时 40 年的研究证明，中年吸烟者死亡率为不吸烟者的 3 倍。流行病学调查表明，吸烟者患肺癌的危险性是不吸烟者的 13 倍，如果每日吸烟在 35 支以上，则其危险性比不吸烟者高 45 倍。吸烟者如同时接触化学性致癌物质（如石棉、镍、铀、砷等），则发生肺癌的危险性将更高。吸烟者喉癌发病率较不吸烟者高十几倍。膀胱癌发病率增加 3 倍，这可能与烟雾中的β—萘胺有关。此外，吸烟与唇癌、舌癌、口腔癌、食道癌、胃癌、结肠癌、胰腺癌、肾癌和子宫颈癌的发生都有一定关系。临床研究和动物实验表明，烟雾中的致癌物质还能通过胎盘影响胎儿，致使其后代的癌症发病率显著增高。

2. 对心、脑血管的影响

吸烟是许多心、脑血管疾病的主要危险因素，吸烟者的冠心病、高血压病、脑血管病及周围血管病的发病率均明显升高。冠心病发病率吸烟者较不吸烟者高 3.5 倍，冠心病病死率前者较后者高 6 倍，心肌梗塞发病率前者较后者高 2～6 倍，病理解剖也发现，冠状动脉粥样硬化病变前者较后者广泛而严重。高血压、高胆固醇及吸烟三项具备者冠心病发病率增加 9～12 倍。心血管疾病死亡人数中的 30％～40％由吸烟引起，死亡率的增长与吸烟量成正比。有冠心病的吸烟者更易发生心律不齐，发生猝死的危险性增高。

吸烟者发生中风的危险是不吸烟者的 2～3.5 倍；如果吸烟和高血压同时存在，中风的危险性就会升高近 20 倍。此外，吸烟者易患闭塞性动脉硬化症和闭塞性血栓性动脉炎。吸烟可引起慢性阻塞性肺病，最终导致肺原性心脏病。

3. 对呼吸道的影响

吸烟是慢性支气管炎、肺气肿和慢性气道阻塞的主要诱因之一。实验研究发现，长期吸烟可使支气管黏膜的纤毛受损、变短，影响纤毛的清除功能。此外，粘膜下腺体增生、肥大，黏液分泌增多，成分也有改变，容易阻塞细支气管。吸烟者患慢性气管炎较不吸烟者高2～4倍，且与吸烟量和吸烟年限成正比例，患者往往有慢性咳嗽、咳痰和活动时呼吸困难。肺功能检查显示呼吸道阻塞，肺顺应性、通气功能和弥散功能降低及动脉血氧分压下降。即使年轻无症状的吸烟者也有轻度肺功能减退。吸烟者常患有慢性咽炎和声带炎。

4. 对消化道的影响

吸烟可引起胃酸分泌增加，一般比不吸烟者增加91.5%，致使十二指肠诱发溃疡。烟草中烟碱可使幽门括约肌张力降低，使胆汁易于反流，从而削弱胃、十二指肠黏膜的防御因子，促使慢性炎症及溃疡发生，并使原有溃疡延迟愈合。此外，吸烟可降低食管下括约肌的张力，易造成反流性食管炎。

5. 对妇女的危害

吸烟对妇女的危害更甚于男性，吸烟妇女可引起月经紊乱、受孕困难、宫外孕、雌激素低下、骨质疏松以及更年期提前。孕妇吸烟易引起自发性流产、胎儿发育迟缓和新生儿低体重。其他如早产、死产、胎盘早期剥离、前置胎盘等均可能与吸烟有关。妊娠期吸烟可增加胎儿出生前后的死亡率和先天性心脏病的发生率。女性90%的肺癌、25%的冠心病都与吸烟有关。吸烟妇女死于乳腺癌的比率比不吸烟妇女高25%。

知识链接——被动吸烟的危害

被动吸烟是指生活和工作在吸烟者周围的人们，不自觉地吸进烟雾尘粒和各种有毒物质。被动吸烟者所吸入的有害物质浓度并不比吸烟者为低，吸烟者吐出的冷烟雾中，烟焦油含量比吸烟者吸入的热烟雾中的多1倍，苯并芘多2倍，一氧化碳多4倍。吸烟致癌患者中的50%是被动吸烟者。大量流行病学调查表明，丈夫吸烟的妻子的肺癌患病率为丈夫不吸烟的1.6～3.4倍。孕妇被动吸烟可影响胎儿的正常生长发育。据有关研究统计，当丈夫每天吸烟10支以上时，其胎儿产前死亡率增加65%；吸烟越多，死亡率越高。吸烟家庭儿童患呼吸道疾病的比不吸烟家庭为多。

二、酗酒的危害

适量饮酒，可减轻人的疲劳，使人忘却烦恼，令人心情舒畅，增加社交活动和节日中的欢聚喜庆气氛。但是，过量饮酒，以至饮酒成瘾，不仅危及自己的健康和家庭的幸福，对社会也会造成种种危害。酗酒造成的危害包括以下几个方面：

第一，造成骨质疏松。酗酒导致身体养分的加速流失，造成骨质疏松症（脆骨病）。

第二，易患高血压及心脑血管疾病。酗酒会使体内脂肪酸的氧化减慢，造成脂肪酸在肝内合成为甘油三酯，一旦血管中甘油三酯等血脂成分的浓度长时间高于正常标准，就会引发心脑血管疾病。

第三，肝硬化及肥胖。酗酒最大的危害是容易导致酒精性脂肪肝、酒精性肝炎，甚至酒精性肝硬化。酒精在肝脏分解代谢时使脂肪在肝脏附近堆积，久而久之形成腹部肥胖，造成“将军肚”，酒喝得越多，越容易在肝内堆积脂肪，患上酒精肝和脂肪肝的几率就越大。长期酗酒的直接后果是肝细胞死亡，肝脏组织开始结成硬痂，然后肝脏逐渐硬化，促发肝癌。

第四，损害肠胃。酒精呈酸性，大量饮酒会使你的胸部和嗓子产生灼烧的感觉，不好下咽东西，消化道内侧发炎甚至溃疡，引起反胃或者反酸，导致胃病。空腹喝酒很容易损伤胃粘膜，还会抑制小肠的吸收能力，造成代谢紊乱。建议：即使要喝酒，也不要空腹，喝酒前吃些主食。

第五，加重经前不快症状。大量饮酒的女性容易产生经前不快症状。

第六，加速衰老。酗酒促使皮肤脱水，肌肤失去弹性，加速老化，产生更多的皱纹。

第七，视力减弱。酒精麻痹眼部肌肉，造成眼睛无法聚焦，容易摔倒摔伤。

第八，营养素缺乏。经常喝酒的人通常都会发胖，可这种胖并不意味着营养充足，相反，是缺乏营养的表现。酒精只能提供热量而不能提供营养，饮酒过多，饭菜丰盛却吃不下，长期以来，靠酒喝饱的身体自然营养缺乏。

第九，危害社会。酗酒是一种病态或异常行为，通常把酗酒行为作为一种因内心冲突、心理矛盾造成的强烈心理势能发泄出来的重要方式和途径，构成严重的社会问题。

知识链接——专家对饮酒的意见

常喝酒对身体健康是不利的，因此专家提出建议，患有肝病、高血压、高血脂和消化系统疾病的病人，还有孕妇尽量不要喝酒。每日酒精摄入量建议成年男子少于40克，成年女子少于20克的饮用量。其中40克相当于一升啤酒或者250毫升的葡萄酒或者100毫升50度左右的白酒。而且，在应酬时候如果要喝酒，尽量只喝一种，不要啤酒、红酒、白酒轮着喝。这样很容易醉酒，对健康极为不利。

三、吸毒的危害

我国受鸦片之害，已见于史实。我国为禁毒付出了惨重的代价。由于毒品种类渐多，由过去的从植物中提炼到现在的化学合成，毒品已深入到世界的每一个角落。近20余年，随着社会经济的发展，人民生活水平的提高，毒品又沉渣泛起。充分认识毒品的危害，提高防范意识，远离毒品，势在必行。

1. 吸毒对身心的危害

无论用什么方式吸毒，对人的肌体都会造成极大的损害。

(1) 吸毒对身体的毒性作用。毒性作用是指用药剂量过大或用药时间过长引起的对身体的一种有害作用，通常伴有机体的功能失调和组织病理变化。

中毒主要特征有：嗜睡、感觉迟钝、运动失调、幻觉、妄想、定向障碍等。

(2) 戒断反应。是长期吸毒造成的一种严重和具有潜在致命危险的身心损害，通常在突然终止用药或减少用药剂量后发生。许多吸毒者在没有经济来源购毒、吸毒的情况下，或死于严重的身体戒断反应引起的各种并发症，或由于痛苦难忍而自杀身亡。戒断反应也是吸毒者戒断难的重要原因。

(3) 精神障碍与变态。吸毒所致最突出的精神障碍是幻觉和思维障碍。吸毒者的行为特点围绕毒品转，甚至为吸毒而丧失人性。

(4) 感染性疾病。静脉注射毒品给滥用者带来感染性合并症，最常见的有化脓性感染和乙型肝炎，及令人担忧的艾滋病问题。此外，还损害神经系统、免疫系统，易感染各种疾病。

2. 吸毒对社会的危害

(1) 对家庭的危害。家庭中一旦出现了吸毒者，家便不成其为家了。吸毒者在自我毁灭的同时，也破坏自己的家庭，使家庭陷入经济破产、亲属离散，甚至家破人亡的境地。

(2) 对社会生产力的巨大破坏。吸毒首先导致身体疾病，影响生产；其次是造成社会财富的巨大损失和浪费，同时毒品活动还造成环境恶化，缩小了人类的生存空间。

(3) 毒品活动扰乱社会治安。毒品活动加剧诱发了各种违法犯罪活动，扰乱了社会治安，给社会安定带来巨大威胁。

知识链接——吸毒者的结局

除了部分吸毒者能够真正戒掉以外，吸毒者的最终结局大都很悲惨：

• 吸毒过量急性中毒死亡。常见的情况有首次吸毒过量，或由于经过戒毒耐受性降低而复吸过量，造成呼吸抑制而死亡。

• 吸毒并发症致死。如急性中毒性肝炎、细菌性心内膜炎、败血症、脑栓塞、肺梗塞、破伤风、艾滋病等，处理不及时或处理不当很容易置人于死地。

• 吸毒生涯时断时续，有时几种毒品混合同时使用，很容易造成呼吸中枢过度抑制而死亡。

• 吸毒者在吸毒—犯罪—判刑之间往复、不能自拔，无法忍受精神与躯体的痛苦折磨，家庭环境恶化，倾家荡产，妻离子散，因违法犯罪判刑甚至判处死刑。还有许多吸毒者选择自杀以求得彻底解脱。吸毒者的死亡率是相应年龄自然死亡率的 28 倍。所以，吸毒者不戒掉毒品，只有死路一条。

四、熬夜的危害

早睡早起是健康的生活方式。然而在现代生活中，习惯熬夜的人越来越多了。但是从健康的角度讲，熬夜还是害处多多。熬夜的危害包括以下几个方面。

1. 皮肤受损

一般来说，皮肤在晚上 10 点到凌晨 2 点进入晚间保养状态。也就是人体的经脉运行到胆、肝的时段。如果长时间熬夜，这两个器官如果没有获得充分的休息，就会破坏人体内分泌和神经系统的正常循环。神经系统失调会使皮肤出现干燥、弹性差、缺乏光泽等问题；而内分泌失调会表现在皮肤上，容易出现粗糙、脸色偏黄、黑斑、青春痘、暗疮、粉刺、黄褐斑等问题。在一连串的熬夜之后，如果觉得脸紧紧的、痒痒的，有脱屑现象，还可能会患脂漏性皮炎。

2. 经常疲劳， 抵抗力下降

在熬夜对身体造成的多种损害中，最常见的就是使人经常疲劳，精神不振，身体抵抗力下降。而对于抵抗力比较弱的人来说，感冒等呼吸道疾病，胃肠道等消化道疾病也都会找上门来。这主要是因为熬夜时人的正常生理周期被破坏，人体的正常“应答”系统遭到破坏，抵抗力也就会随之下降。人体的免疫力也会跟着下降，自然地，感冒、胃肠感染、过敏原等的自律神经失调症状都会找上门来。

3. 记忆力下降

正常来说，人的交感神经应该是夜间休息，白天兴奋，来支持人一天的工作。而熬夜者的交感神经却是在夜晚兴奋，所谓一张一弛，熬夜后的第二天白天，交感神经就难以充分兴奋了。这样人在白天会没有精神，头昏脑涨，记忆力减退，注意力不集中，反应迟钝，健忘以及头晕、头痛等问题。时间长了，还会出现神经衰弱，失眠等问题。

4. 阴虚火旺

对于熬夜族而言，身体是在超负荷工作，因此容易出现功能性紊乱，中医上认为是阴虚火旺，也就是人们常说的上火。另外，熬夜时人的生活往往不规律，因为要熬夜，有的人晚餐会吃的比较多，还有的人熬夜时饿了也会大吃一顿，因此熬夜者也常有肠胃毛病，如消化不良等。

5. 视力下降

熬夜对人眼睛的伤害极大。长时间超负荷用眼，还会使眼睛出现疼痛、干涩、发胀等问题，甚至使人患上干眼病症。此外，眼肌的疲劳还会导致暂时性视力下降。长期熬夜造成的过度劳累还可能诱发中心性视网膜炎，使人出现视力模糊，视野中心有黑影，视物扭曲，变形、缩小、视物颜色改变等问题，导致视力骤降。

思考题

1. 不良生活方式对健康有哪些影响?
2. 平衡膳食与合理营养有哪些基本要求?
3. 简述睡眠不足的危害及助眠方法。
4. 健康体育运动应遵循哪些原则?
5. 简述疲劳恢复的重要性及其方法。
6. 吸烟、酗酒、熬夜对身体健康造成哪些严重危害?

第二章　日常保健与疾病预防

学习目标：

◆掌握身体重要器官的保健知识

◆了解传染病的危害以及传播途径，掌握常见传染病的预防方法

◆掌握常见慢性病的危害及预防方法

◆了解地方病的危害及预防办法

◆掌握肿瘤的类别、产生的原因以及预防的方法

◆了解常见家庭备用药物

第一节　身体重要器官的保健

一、心脏的保健

1. 心脏的主要功能

人体生存必需的氧气和养分，都是靠在体内循环的血液输送到脑、肺、胃、肠、肝脏等各个器官，而发挥这些功能，将血液运送到身体各部位的就是心脏。

知识链接——心脏：人体“发动机”

心脏是一个强壮的、不知疲倦、努力工作的强力泵。心脏之于身体，如同发动机之于汽车。如果按一个人心脏平均每分钟跳 70 次、寿命 70 岁计算的话，一个人的一生中，心脏就要跳动近 26 亿次。如果心跳骤停，意识就立即丧失。一般来讲，心脏骤停 4～6 分钟以后，抢救过来的可能性就很小了。

心脏向器官、组织提供充足的血流量，以供应氧和各种营养物质，并带走代谢的终产物（如二氧化碳、尿素和尿酸等），使细胞维持正常的代谢和功能。

心脏规律地反复收缩和舒张，将血液送出，然后收回，24 小时从来不间断。至于心脏输出的血液量，平时每分钟 5～6 升，剧烈运动时则为 20～30 升。

2. 心脏疾病的早期信号

心脏病是人类健康的头号杀手。全世界三分之一的人口死亡是因心脏病引起的，而我国，每年有几十万人死于心脏病。心脏疾病的发生初期，有以下信号值得注意：

（1）胸痛。心脏病患者表现的胸痛，多在劳动或者运动之后，多发于胸骨后，常放射至左肩、左臂。疼痛时有一种胸部紧缩样感觉，持续 2～3 分钟，一般停止活动或舌下含硝酸甘油可终止。

（2）呼吸困难。心脏病人胸闷、呼吸困难多与肺淤血有关，故常发生在夜间、卧位时，坐位时减轻，为阵发性。活动与上楼时也可发生。

（3）耳鸣。有关研究人员发现，心脏病人，特别是高血压、心脏病、冠心病、动脉硬化，都可以不同程度地出现耳鸣，这是因为内耳的微细血管变化比较敏感，心血管动力学上出现异常尚未引起全身反应时，耳内可以得到先兆信息。因此，45 岁以上的中年人如果一周内频繁出现耳鸣，应及时去医院检查。

（4）打鼾。从事心脏病研究的专家认为：睡眠打鼾是心脏仍处于工作状态的表示，是心脏病的警报信号，应作为诊断心脏病的依据之一。因此，如果一个人长期持续打鼾，就要留心心血管方面的疾病。

（5）肩痛。有不少心脏病人也常有肩痛的现象，特别是左肩、左手臂酸痛，为阵发性，并与气候无关。据有关资料表明，冠心病人肩痛者约占病人总数的 65%左右，这是与血液流动动力学及神经走向有关。故中老年人发生肩痛，特别是左肩疼痛尤烈者，切莫简单地贴上块风湿膏就算了事，应经常注意自己的心脏情况。

（6）水肿。心脏负荷过重致静脉回流受阻，远端血管充血发生水肿，也是心脏病人常见症状。除心衰外，轻微水肿往往是先兆症状。凡中年人有浮肿，都应及早求医。

（7）腿痛。有些患者在心绞痛发作时表现出来的却是下肢放射性疼痛。这一点不仅常被人们所忽略，而且会被误为腿部的疾患，以致延误了对心脏病的诊断和治疗，甚至可以造成严重的后果。

因此，当遇到了以上胸痛、呼吸困难、耳鸣、水肿等症状的时候，要视情况到医院进行心脏方面的检查。

3. 心脏保健的注意事项

心脏要一刻不停地在给我们工作，所以我们不要给心脏增加过多不必要的负担，平时还要给心脏适当减负。应注意以下几点：

（1）低盐饮食，三餐以清淡为主。因为我们吃得越咸，就必须喝很多的水。这水必须从我们的胃到肾脏，再通过尿排出来，中间必须由心脏来起作用。所以说吃淡点，心脏的负担就轻一点。

（2）要减轻体重。有研究表明：体重增加 10%，心脏疾病危险增加 38%；体重增加 20%，心脏疾病危险增加 86%。因此，体重偏重且心脏不好的人要积极控制体重，给心脏减负。

（3）戒烟戒酒。烟草中的烟碱可使心跳加快、血压升高（过量吸烟又可使血压下降）、心脏耗氧量增加、血管痉挛、血液流动异常以及血小板的粘附性增加。这些不良影响，使 30～49 岁的吸烟男性的冠心病发病率高出不吸烟者 3 倍，而且吸烟还是造成心绞痛发作和突然死亡的重要原因。酒精对心脏具有毒害作用，过量的酒精摄入能降低心肌的收缩能力。对于患有心脏病的人来说，酗酒不仅会加重心脏的负担，甚至会导致心律失常，并影响脂肪代谢，促进动脉硬化的形成。

（4）适量运动。维持经常性适当的运动，有利于增强心脏功能，促进身体正常的代谢，尤其对促进脂肪代谢，防止动脉粥样硬化的发生有重要作用。对心脏病患者来说，应根据心脏功能及体力情况，从事适量的体力活动有助于增进血液循环，增强抵抗力，提高全身各脏器机能，防止血栓形成。但也需避免过于剧烈的活动，活动量应逐步增加，以不引起症状为原则。

（5）多吃新鲜蔬菜和水果。常吃一些新鲜蔬菜、瓜果、豆芽、海带、紫菜、木耳等食物，有防止血管硬化的作用。经常食用芹菜、西红柿等食物，可降低血压。心脏病患者宜多食山楂、石榴等水果。

知识链接——坚持服药

对于已经患有心脏病的人，不能等到发作时才去医院，平时就要坚持服药，这是控制病情的最佳手段。许多冠心病人身边都备有一盒麝香保心丸，但一半以上的人都不吃，有的还舍不得吃，都要等到心绞痛发作了才吃，有的自认为自己还没到需服药的程度，这其实是一个用药的误区。麝香保心丸是一种常服才能发挥最大效果的药物，只有常服才能改善心血管机能，逆转心脏肥厚，保护心脏功能，降低心绞痛的发生率。

二、肝脏的保健

1. 肝脏的主要功能

肝脏是人体内最大的消化腺，也是体内新陈代谢的中心站，如果肝脏这个新陈代谢的中心站出现问题，人体的生命健康必将要受到很大的威胁。

肝的主要生理功能是疏泄，它主要负责人吸收糖、蛋白质、脂肪、维生素、激素的代谢，胆汁生成和排泄，解毒、凝血、免疫，热量产生及水与电解质的调节中均起着非常重要的作用，相当于人体的一个巨大“化工厂”。

2. 肝脏疾病的早期信号

肝病的初期症状非常隐蔽，但人体皮肤颜色的一些微妙变化可以传递病变的信息，只要及时把握这些肝病早期症状信号，早治疗才能早康复。

（1）腹泻、腹胀、腹痛，肝区隐痛。腹泻、腹胀多由肠壁水肿、肠道吸收不良（以脂肪为主）、烟酸的缺乏及寄生虫感染因素所致。腹痛多在上腹部，常为阵发性，有时呈绞痛性质。肝区隐痛在肝硬化中也比较多见，约占60%～80%。劳累后明显，与其同时出现的还有黄疸、发热。

（2）皮肤症状。早期肝脏病变的患者的皮肤和眼睛会呈现黄色，这种症状是病毒性肝炎的急性期的特征；而早期肝脏病变的患者的面色会晦暗，面色发黑没有光泽这是肝炎的信号之一，这种颜色和太阳晒黑的是不一样的，这种情况的面部黯淡没有光泽。

3. 肝脏保健的注意事项

一个健康的肝脏是身体健康的保证，但在我们日常生活中，滥用食品添加剂，滥用药物，脂肪过量可谓是导致肝损伤的天敌。激素超标、防腐剂、增白剂、塑化剂、地沟油、滥用药物等进入肠胃，吸收入血，每分钟进入肝脏的血流量为1 000～1 200 ml，这些血液都要到肝脏解毒，大大地增强了肝脏的负荷，造成了肝细胞的损失，食入脂肪过多引起肝细胞内脂肪堆积过多，从而发生病变。

（1）预防肝病传播。肝病专家提醒，预防肝病应远离各种可能受血液污染的器具。避免不必要的输血、打针、穿耳洞、刺青、与他人共用牙刷刮胡刀等，以及减少接触可能受到血液污染的器具。

（2）保持正常体重。体重过重会让肝脏工作更辛苦，罹患脂肪肝的概率也会升高。理想减重方式就是均衡饮食加上规律运动。

（3）戒酒戒烟。饮酒会提高发生脂肪肝、酒精性肝病的机会，有肝病的人应该完全戒酒。另外，抽烟和罹患肝癌有关，应该尽可能地少抽烟以及戒烟。

（4）注意饮食。饮食一个重要原则是“均衡”。为求速效减肥，三餐只吃水果，而不吃其他食物，或者是“低糖饮食”——高蛋白、低碳水化合物的饮食组合，不均衡的饮食增加肝脏负担。肝脏负责把吃进的食物，转换成身体能量来源。对肝脏来说，把非碳水化合物转化成能量，比把碳水化合物转化成能量更吃力。均衡的饮食组合应该是60%～70%的碳水化合物（例如米饭、面食），20%～30%的蛋白质（例如肉类、豆类），10%～20%的多元不饱和脂肪（例如植物油）。

（5）不乱吃药。吃进去的药物都必须经过肝脏解毒。除了医生处方药，避免自行服用其他药物，因为服用多种药物容易产生药物交互作用，影响肝脏代谢药物能力。

（6）注意睡眠时间。成年人正常的睡眠时间应该为一天8小时，正常的应该是从23点左右开始上床睡觉了，到了凌晨 1 至 3 点钟是进入深睡眠状态，这个时段是养肝血的最佳时间，反之，就会养不足血。

三、肺的保健

1. 肺脏的主要功能

肺是人体一个重要的呼吸器官，是体内外气体交换的场所。肺通过鼻、咽、气管等呼吸道，吸入清气，呼出浊气，进行氧气与二氧化碳的交换，保证机体氧气的充分供应。

肺的功能正常，则呼吸通畅，氧的供应充足，面色红润，机体健康。反之，则出现咳嗽、哮喘等症状，严重者机体将会出现缺氧状态，临床表现为呼吸急促，咳喘，面色暗紫，口唇紫绀，表情十分痛苦。

2. 肺脏疾病的早期信号

(1) 急性肺炎。发病前常有受凉、淋雨、疲劳、醉酒、感冒史，多数伴有打喷嚏、流鼻涕、鼻塞、嗓子痛等感冒症状。起病多急骤，高热，寒战，全身肌肉关节酸痛，体温通常在数小时内升至 39～40 度，高热多在下午或傍晚出现，脉率随之增速。有些人出现胸部疼痛，可以是一侧，也可以是两侧，放射到肩部或腹部，咳嗽或深呼吸时加剧。痰少或有脓性痰或痰中带血丝或痰呈铁锈色，食欲减退。如出现上述症状千万不要仅当感冒来治，应立即到医院呼吸科将进行检查。

(2) 肺结核。咳嗽、咳痰，是肺结核最常见的症状，咳嗽较轻，干咳，少量黏液痰。若合并支气管结核，表现为刺激性咳嗽，多数患者为少量咯血。同时还会伴有长期午后潮热，即下午或傍晚体温开始升高，第二天早晨降至正常。部分患者有倦怠乏力、盗汗、食欲减退和体重减轻等，育龄女性患者可以有月经不调。

(3) 肺癌。咳嗽为早期症状，常为无痰或少痰的刺激性干咳，或为持续性，呈高调金属音性咳嗽或刺激性呛咳，或伴有血痰、咯血、发热，抗菌药治疗效果不佳，体重下降等。如初见上述症状，应尽快到医院做 X 线拍片检查。

3. 肺脏保健的注意事项

(1) 以气养肺。肺主气，司呼吸。清气和浊气在肺内进行交换，吸入气体的质量对肺的功能有很大影响。要想使肺保持清灵，首先要戒烟，并避免二手烟的危害，不要在空气污浊的地方长期逗留。条件允许的情况下，可以经常到草木茂盛、空气新鲜的地方，做做运动，做做深呼吸，并通过着意的深长呼气，将体内的浊气排出。

(2) 以水养肺。肺是一个开放的系统，从鼻腔到气管再到肺，构成了气的通路。肺部的水分可以随着气的排出而散失。干燥的空气更容易带走水分，造成肺黏膜和呼吸道的损伤。这就是中医所说的，燥邪容易伤肺。因此，及时补充水分是肺保养的重要措施。

(3) 以食养肺。甘蔗、秋梨、百合、蜂蜜、萝卜、黑芝麻、豆浆、豆腐、核桃、松子等食物，有滋养润肺的功能，因此可以通过食疗来养肺。

（4）以笑养肺。肺病的人也容易悲伤忧愁。而笑为心声，多笑一笑，就能减少悲伤忧愁。笑也是一种健身运动，它能使胸廓扩张，肺活量增大，胸肌伸展。这样有助于宣发肺气，有利于人体气机的升降。

（5）以动养肺。适当运动，可以增进肺的功能。可根据自身条件，选择合适的运动，如慢跑、爬山、踢毽、跳绳、练功、舞剑等，以锻炼人体的御寒能力，预防感冒的发生。

四、肾的保健

1. 肾脏的主要功能

肾脏是人体的重要器官，它具有三大基本功能。

（1）生成尿液、排泄代谢产物。机体在新陈代谢过程中产生多种废物，绝大部分废物通过肾小球血滤过、肾小管的分泌，随尿液排出体外。

（2）维持体液平衡及体内酸碱平衡。肾脏通过肾小球的滤过，肾小管的重吸收及分泌功能，排出体内多余的水分，调节酸碱平衡，维持机体内环境的稳定。

（3）内分泌功能。分泌肾素、前列腺素、激肽；促红细胞生成素，刺激骨髓造血；调节钙磷代谢。为内分泌激素降解提供场所。

肾脏的这些功能，保证了机体内环境的稳定，使新陈代谢得以正常进行，在维持机体内环境稳定方面发挥着重要的作用。

2. 肾脏疾病的早期信号

日常生活中，肾的毛病较多，肾病是比较隐匿的疾病，肾病的初期，往往不会感到疼痛，不容易被发现，如果患者身体已经感觉非常不舒服了，才会到医院去看病，很可能肾脏病已经很重了，甚至有生命危险，久拖日延，常会导致其他脏器功能不能正常工作，以致重症甚或不治，危及生命。所以要高度重视肾脏疾病的早期信号。

（1）没劲。肾功能不好时，很多废物难以从尿里排泄出去，会出现精神不振、疲劳、乏力等没劲的感觉。肾脏有病，蛋白质等营养物质从肾脏漏出，通过尿液排出体外，也会有没劲的表现。有些患者会以为是过于劳累，或是其他原因，而忽视肾脏问题。

（2）胃口不好。病人会出现多种消化道症状，尤其是因为胃肠道水肿，常有不思饮食、腹胀等消化功能紊乱的症状。

（3）恶心呕吐。当糖尿病患者发生肾功能衰竭时，血中尿素氮增高，恶心、呕吐。

（4）小便有泡沫，排尿量不正常。健康的人每天排尿次数大约为 4～6 次，尿量约 800～2 000 毫升，如果排尿次数和尿量过多或过少，就要注意了。

（5）尿蛋白和尿潜血。尿里有蛋白或者潜血，是肾脏有病的重要征兆，贫血也是肾功能损害的一大信号。

（6）高血压。高血压可以引起高血压肾病，也叫高血压肾损害，所以有高血压病的人要多加注意。当然，肾脏病也会导致高血压。

（7）痛风、高尿酸血症。痛风、高尿酸血症都是血液中尿酸过多造成的，血液尿酸高的人，尿酸会沉积在肾脏里，使肾功能受损。

（8）尿路感染。经常尿路感染的人，时间长了，有可能造成肾功能不全。

3. 肾脏保健的注意事项

肾脏是我们身体非常重要的功能器官，是人体的“垃圾处理厂”，与其他脏腑相统协，可使身体强壮。负责把人体代谢产生的废物、毒物和药物清除到体外。如何保护好肾功能，有效地避免增加肾脏负担，异常重要。

（1）情绪上注意。过度的情绪刺激，如极度悲伤、紧张、兴奋等，可使人体处于应激状态，加重肾脏负担，应予避免。

（2）饮食上注意。饮食应清淡、易于消化，特别要注意适当控制盐、蛋白质的摄入量。

（3）避免感染。年轻人患了感冒、肺炎等病，一般对身体不会有大的影响，也很容易治愈。而肾功能已出现减退的老年人一旦发生感染，则难以应付这种额外负担，常可导致肾功能进一步损伤，甚至危及生命。

（4）运动护肾。适度有氧运动有助于防肾病。但一定要注意休息，量力而行，一般来说，防病的运动应选择有氧运动。低强度运动、慢性运动对肾病有一定保护作用，步行、慢跑、骑自行车都是比较好的锻炼项目。高强度的运动可造成或加重肾脏损害，羽毛球、篮球、足球都属于折返跑，心跳难以稳定和掌握，对肾病患者不合适。

五、胃的保健

1. 胃的主要功能

（1）储存食物功能。进食时胃底和胃体部的肌肉产生反射性的舒张，而幽门是关闭的。这样便会暂时停留在胃内进行消化。

（2）消化和吸收功能。通过胃的蠕动及胃酸、胃蛋白酶的分泌等对食物进行机械和化学的消化。胃可吸收酒精和少量的水分，绝大部分食物在小肠吸收。

（3）分泌功能。胃可分泌胃液及胃泌素、胃动素、生长抑素等。

（4）防御功能。胃的黏膜屏障、胃酸以及淋巴组织等，可防止病原微生物及异物的侵入。

2. 胃疾病的早期信号

胃肠道疾病在形成之前常常有某些不适反应甚至是典型症状。然而由于其常见和多发往往容易被忽视，为了便于早期发现和诊断肠胃病，现将肠胃病的早期症状列举如下，以便参考对照，自我检查，早期发现，及早就医。

（1）嗳气、呃逆。嗳气与呃逆是不同的。嗳气声音“嗝—嗝—嗝”作响，沉闷而悠长，间隔时间也较长，是气从胃中上逆；而呃逆声音“呢、呢、呢……”作响，尖锐而急促，气从喉间发出，同时伴有躯干震动和耸肩。嗳气和呃逆，都是各种消化道疾病的常见症状，尤其是慢性胃炎、消化性溃疡和功能性消化不良等。

（2）恶心、呕吐。常见于急慢性胃炎、消化性溃疡、幽门梗阻等疾病。

（3）腹胀、腹痛。是胃肠道积气，常可伴有嗳气、排气过多、恶心等症状，可由多种原因引发，胃肠道炎症、消化性溃疡等均可引起腹胀。

3. 胃保健的注意事项

平常生活中，有很多人不注意胃的保健，结果损伤了胃的正常功能，引起胃炎、消化性溃疡等多种疾病，影响健康。要做好胃的保健，必须注意做到以下几点：

（1）避免饮食习惯不健康。生活要有规律，饮食结构要合理，适当节食是保证健康长寿的主要条件。而生活无规律，偏食、挑食，饥饱失度，是导致胃病最常见的原因。

（2）消除刺激因素。对胃有不良刺激的因素很多，如过热、过冷、过硬的饮食，刺激性食品（如辣椒、葱蒜、浓茶、咖啡等），还有酗酒、嗜烟等对胃的危害极大，不但会促发慢性胃炎和胃溃疡，甚至还可诱发胃癌。

（3）注意药物影响。许多药物对胃有很强的副作用，如果应用不当或滥用，会引起或加重胃病，诱发胃大出血或穿孔。

（4）解除精神因素。过度的精神刺激，如紧张、忧郁、愤怒等可造成大脑皮层功能失调，导致胃壁血管痉挛和收缩，致胃粘膜发生炎症和溃疡。

六、腰背的保健

1. 腰背部的功能

腰背部的主要结构是脊柱。它是由七节颈椎、十二节胸椎、五节腰椎、五节骶椎和一块尾骨组成。脊柱的作用是作为身体的支架和保护中枢神经。除尾骨之外，每节脊椎之间都有一块富有弹性的椎间盘。它可以吸收压力，保护椎体，同时保持脊柱有一定的柔韧性和伸展性。

2. 腰背痛的成因

（1）不正确的姿势。坐站时姿势不正确，会增加腰部的负荷，引起肌肉疲劳或疼痛。常穿高跟鞋、怀孕、肾病等也会引起腰痛。

（2）意外事件。直接的损伤、不正确的提举姿势、突然扭转身体或过度牵扯会导致腰部受伤而引起疼痛。

（3）性能退化。日常的活动都令脊柱关节承受很大的负荷，随着年龄的增长，关节因自然损耗而退化，产生腰背痛或出现下肢麻木的现象。

（4）骨刺。关节退化可导致骨质增生而形成“骨刺”，骨刺有可能压迫神经根或关节附近的软组织。

（5）椎间盘后凸。受伤、退化、持续性或突发性增加腰部的负荷，会引起椎间盘后方肌纤维撕裂，椎间盘髓核向后凸出而压迫脊髓或神经根。

（6）过度肥胖。身体过重也会增加关节负荷，加速退化。

3. 腰背严重痛楚的解决方法

腰背痛是一种常见现象。其发病情况非常普遍，给我们正常的生活、工作、学习带来烦恼。因此了解并认识腰背痛的成因，养成正确的姿势习惯，并进行一些预防性的锻炼，对防止腰背痛的发生将有很大的帮助。为了减少腰背痛的发生，我们应重视腰背部的保护，并常常做一些腰背部活动和肌肉的锻炼。正确的姿势能保持脊柱的正常弧度，使肌肉处于平衡及松弛状态。而强健的肌肉又可以保持脊柱的稳定性，以减轻脊柱的负荷。

（1）休息。尽快停止活动。腰背痛是警告信号，不要忽略。

（2）躺下将身体重量移离背部。如感到腰背部极为痛楚，可上床休息，选择一个舒适的睡姿。你可能会发现把腿部放在几个叠着的枕头或椅子上，会较为舒适。事实上，这个姿势有助伸展脊骨。

（3）如床褥太软，可把它放在地上或在床褥下加一块板。

（4）温热能减低肌肉痉挛时痛楚。用毛巾包着热水袋放在痛楚位置附近。

（5）由亲友协助按摩患处，可起到松弛紧张肌肉的效果。按摩过程中需用手指轻轻按摩。

（6）当痛楚难当时，走路和站立都会感到困难，用拐杖会有很大帮助。如痛楚严重，应尽量减少坐下，如必要，应坐在有靠背的椅子上，在腰背弧度处放一个枕头，可能会有帮助。

第二节　常见传染病的预防

一、传染病的危害

传染病是由各种病原体引起的能在人与人、动物与动物或人与动物之间相互传播的一类疾病。传染病具有非常大的危害，在全球死亡病因中居于首位。在我国，传染病仍然严重威胁人民健康和国家安全。

历史上给人类带来特大灾难的几种传染病至今听起来仍让人不寒而栗。欧洲中世纪，被称为“黑死病”的烈性传染病——鼠疫大肆爆发，使四分之一欧洲人死亡。霍乱，一种使患者大量失水的肠道传染病，自 1817 年以来已经在全球 7 次大流行，死者数以千万计。变幻无穷的流行性感冒，第一次世界大战期间爆发流行，疫情在 1918 年结束时有 2 100 万人命归黄泉，这个死亡数字大约是打了四年的第一次世界大战死亡人口的一倍。艾滋病，一个至今我们仍没有特效治疗药物的传染病，据统计全世界死于艾滋病的人已达 1 400 万人，感染艾滋病的成人和儿童将超过 3 300 万人。

近些年，SARS（传染性非典型肺炎）、高致命性禽流感、甲型 H1N1 流感在全球蔓延，传染病的巨大危害引起了世人的注意。

二、传染病的类型

我国《传染病防治法》根据传染病的危害程度和应采取的监督、监测、管理措施，参照国际上统一分类标准，结合中国的实际情况，将全国发病率较高、流行面较大、危害严重的 39 种急性和慢性传染病列为法定管理的传染病，并根据其传播方式、速度及其对人类危害程度的不同，分为甲、乙、丙三类，实行分类管理。

1. 甲类传染病

甲类传染病也称为强制管理传染病，包括鼠疫、霍乱。对此类传染病发生后报告疫情的时限，对病人、病原携带者的隔离、治疗方式以及对疫点、疫区的处理等，均强制执行。

2. 乙类传染病

乙类传染病也称为严格管理传染病，包括传染性非典型肺炎、艾滋病、病毒性肝炎、脊髓灰质炎、人感染高致病性禽流感、甲型 H1N1 流感、麻疹、流行性出血热、狂犬病、流行性乙型脑炎、登革热、炭疽、细菌性和阿米巴性痢疾、肺结核、伤寒和副伤寒、流行性脑脊髓膜炎、百日咳、白喉、新生儿破伤风、猩红热、布鲁氏菌病、淋病、梅毒、钩端螺旋体病、血吸虫病、疟疾。

对此类传染病要严格按照有关规定和防治方案进行预防和控制。其中，传染性非典型肺炎、炭疽中的肺炭疽、人感染高致病性禽流感和甲型 H1N1 流感这四种传染病虽被纳入乙类，但可直接采取甲类传染病的预防、控制措施。

3. 丙类传染病

丙类传染病也称为监测管理传染病，包括流行性感冒、流行性腮腺炎、风疹、急性出血性结膜炎、麻风病、流行性和地方性斑疹伤寒、黑热病、包虫病、丝虫病，除霍乱、细菌性和阿米巴性痢疾、伤寒和副伤寒以外的感染性腹泻病、手足口病。

三、传染病的传播途径

由于生物性的致病原于人体外可存活的时间不一，存在人体内的位置、活动方式都有不同，影响了一个传染病的传播的过程。

1. 空气传染

有些病原体在空气中可以自由散布，直径通常为 5 微米，能够长时间浮游于空气中，做长距离的移动，主要借由呼吸系统感染，有时亦与飞沫传染混称。

2. 飞沫传染

这是许多感染原的主要传播途径，借由患者咳嗽、打喷嚏、说话时，喷出温暖而潮湿之液滴，病原附着其上，随空气扰动飘散短时间、短距离地在风中漂浮，由下一位宿主因呼吸、张口或偶然碰触到眼睛表面时黏附，造成新的宿主受到感染。

3. 接触传染

经由直接碰触而传染的方式称为接触传染，这类疾病除了直接触摸、亲吻患者，也可以透过共用牙刷、毛巾、刮胡刀、餐具、衣物等贴身器材，或是因患者接触后，在环境留下病原达到传播的目的。

4. 垂直传染

垂直传染专指胎儿由母体得到的疾病。通常透过此种传染方式感染胎儿之疾病病原体，多以病毒和活动力高的小型寄生虫为主，可以经由血液输送，或是具备穿过组织或细胞的能力，因此可以透过胎盘在母子体内传染，例如艾滋病和 B 型肝炎。细菌虽较罕见于垂直感染，但是梅毒可在分娩过程，由于胎儿的黏膜部位或眼睛接触到母体阴道受感染之黏膜组织而染病；且有少数情况则是在哺乳时透过乳汁分泌感染新生儿。后两种路径也都属于垂直感染的范畴。

5. 血液传染

主要透过血液、伤口的感染方式，将疾病传递至另一个个体身上的过程即血液传染。常见于医疗使用注射器材、输血技术之疏失，因此许多医院要求相关医疗程序的施行，必须经过多重、多人的确认以免伤害患者。在献血、输血时，也针对捐献者和接受者进一步检验相关生理状况，减低此类感染的风险，但由于毒品的使用，共享针头的情况可造成难以预防的感染，尤其对于艾滋病的防范更加困难。

四、常见传染病的预防

1. 流行性感冒的预防

流行性感冒是由流感病毒引起的急性呼吸道感染，是一种传染性强、传播速度快的疾病。其主要通过空气中的飞沫、人与人之间的接触或与被污染物品的接触传播。典型的临床症状是：急起高热、全身疼痛、显著乏力和轻度呼吸道症状。一般秋冬季节是其高发期，所引起的并发症和死亡现象非常严重。

典型流感起病急，潜伏期为数小时到 4 天，一般为 1～2 天；高热，体温可达 39～40℃，伴畏寒，一般持续 2～3 天；全身中毒症状重，如乏力、头痛、头晕、全身酸痛；持续时间长，体温正常后乏力等症状可持续 1～2 周；呼吸道其他症状轻微，常有咽痛，少数有鼻塞、流涕等；少数有恶心、呕吐、食欲不振、腹泻、腹痛等。有少数患者以消化道症状为主要表现。老人、婴幼儿、有心肺疾病者或接受免疫抑制剂治疗者患流感后可发展为肺炎。

预防流感的几种常用小措施：

第一，室内经常开窗通风，保持空气新鲜。

第二，少去人群密集的公共场所，避免感染流感病毒。

第三，加强户外体育锻炼，提高身体抗病能力。

第四，秋冬气候多变，注意加减衣服。

第五，多饮开水，多吃清淡食物。

第六，注射流感疫苗。

知识链接——流行性感冒和普通感冒的区别

• 病原不同：流感由流感病毒引起，而普通感冒则是由其他病原体引起。

• 症状不同：流感全身症状明显，并伴有呼吸道症状，而普通感冒则相反。

• 流行特点不同：感传染性强，传播迅速，容易引起大流行。而普通感冒无此特点。

2. 结核病的防治

结核病是一种严重危害身体健康的慢性传染病。我国是全球 22 个结核病流行严重的国家之一，结核病患病人数居世界第二位。结核病是我国重点控制的重大疾病之一。结核病的防治措施主要有以下三种：

（1）控制传染源。要尽早发现病人，直接控制结核病的传染源。有结核病症状的人尽快到当地结核病防治机构就诊，及早进行确诊；一旦确诊为活动性肺结核就要按照医生的治疗方案进行治疗，治疗成功的关键是完成全疗程，不要中途停药，中途停药不仅会导致治疗失败还会产生耐药性，危害他人。

（2）接种卡介苗。卡介苗是一种减毒、弱毒的活菌疫苗。通过人工的方法，使未受感染的人产生一次轻微的感染，没有发病的危险，又可以产生抵抗结核病的能力，减少结核病的发生。在结核病发病较高的地区，接种卡介苗在预防结核病，特别是可能危及儿童生命的严重类型结核病，如结核性脑膜炎、粟粒性结核病等方面具有相当明显的作用。卡介苗接种的主要对象是新生儿、婴幼儿，在妇产医院、产科出生的新生儿一出生就应接种，被称为“出生第一针”。如果出生时没有及时接种，在 1 岁以内一定要到当地结核病防治机构或其他卡介苗接种站去补种。

（3）使用抗结核药物。对已经感染结核菌的人，用抗结核药物治疗结核病是非常有效的。结核病的治疗原则是：早期、联合、适量、规律和全程用药。只要病人和医生很好合作，肺结核病是可以治愈的。

我国目前广泛应用的抗结核药物有异烟肼（H）、利福平（R）、吡嗪酰胺（Z）、乙胺丁醇（E）和链霉素（S）。在强化期几乎全部被采用，而在继续期则选择其中的 2～3 种药物。治疗过程中的服药方法都采用隔日服药，以便于督导治疗的实施，使病人能全程、不间断地服药，以提高治愈率。

3. 肝炎的防治

病毒性肝炎是一种传染性强，传播途径复杂，发病率高，流行面广的传染性疾病。目前病毒性肝炎病毒主要有甲、乙、丙、丁、戊 5 种类型。在已被确认的 5 种主要型别的肝炎中，甲、戊型肝炎由消化道传播，主要通过日常生活接触和水、食物进行传播。乙、丙、丁型肝炎主要通过血液、母婴和性接触传播，或者共用生活用具等也可传播。急性肝炎病人大多在六个月内恢复，乙型、丙型和丁型肝炎易变为慢性，少数可发展为肝硬化。

（1）甲、戊型肝炎预防措施

1）饮用水管理。自来水要按规程消毒，井水也要定期消毒，不喝不符合卫生标准的饮用水。

2）粪便管理。甲肝病人的粪便用一份 20％的漂白粉澄清液与一份粪便拌匀进行消毒，便器用 3％～5％的漂白粉澄清液浸泡 60 分钟。

3）饮食卫生。养成饭前便后洗手的卫生习惯，提倡分餐制，共用餐具要消毒，不要生食贝壳类水产。

4）疫苗接种。对易感人群接种甲型肝炎疫苗有很好的免疫预防效果。目前尚无戊型肝炎疫苗特效预防。

（2）乙、丙、丁型肝炎预防措施

1）防止血源传播。严格筛选献血人员，保证血液和血制品质量，不输入未经严格检验的血液和血制品；不去街头拔牙、耳垂穿孔、文身等。医生、护士打针要一人一管一消毒。

2）防止性传播，采用适当的防护措施。

3）防止生活接触传播。最好在集体聚餐实行分餐制，不与他人共用牙刷、剃须刀、水杯和理发器具。

4）疫苗预防。接种乙肝疫苗是预防乙型肝炎最有效的措施。凡是没有感染过乙肝病毒的人，尤其是家中或周围密切接触的人中有乙肝病人或乙肝病毒携带者的人群均应接种乙肝疫苗。

4. 艾滋病的预防

艾滋病是一种病死率极高的严重传染病。目前还没有治愈的药物和方法，但却是可以预防的，只要每个人都掌握预防艾滋病常识，注意以下事项，就可以把传染艾滋病的危险性减少到最低限度。

第一，遵守性道德、洁身自爱，反对性乱，不要有婚前和婚外性行为；遵守婚前健康检查的规定；婚前一定要知道对象是否已受艾滋病病毒感染；遵守政府法令，不搞卖淫嫖娼。

第二，怀疑自己或对方受艾滋病病毒感染时坚持使用避孕套。

第三，不以任何方式吸毒；有毒瘾者暂未戒除前切勿与他人共用注射器。

第四，已受艾滋病病毒感染的妇女不要怀孕。

5. 寄生虫病的预防

人体寄生虫病是严重危害身体健康的常见病，特别是以蛔虫、钩虫、鞭虫、蛲虫病等为代表的土源性肠道线虫病，在儿童中感染率较高。大多数寄生虫病都是经口感染，如蛔虫病、蛲虫病、绦虫病、钩虫病。血吸虫病是经皮肤感染。而疟疾、丝虫病、黑热病等由蚊子、白蛉等吸血昆虫传播。预防寄生虫病要做到：

（1）注意个人卫生，勤剪指甲，坚持饭前便后洗手。

（2）防止“虫从口入”。不喝生水，不吃生的或未煮熟的鱼、肉、虾、蟹，不吃米猪肉，生吃瓜果、蔬菜要洗净。

（3）避免手、脚等处皮肤与有钩虫丝状蚴潜伏的潮湿土壤、农作物接触。

（4）在血吸虫病疫区避免接触疫水。

（5）查治病人和病畜。

（6）保护好水源。

（7）改善环境，防蚊灭蚊、杀灭白蛉等传播寄生虫病的昆虫。

6. 手足口病的预防

这是一种儿童传染病，又名发疹性水疱性口腔炎。多发生于5岁以下儿童，可引起手、足、口腔等部位的疱疹，少数患儿可引起心肌炎、肺水肿、无菌性脑膜脑炎等并发症。个别重症患儿如果病情发展快，导致死亡。

手足口病一年四季均可见到，以夏秋季较多。发病初期先有发热、咳嗽、流涕、流口水等症状，像上呼吸道感染一样，有的孩子可能有恶心、呕吐等症状，以后手、足的指及趾背部出现椭圆形或梭形的水疱，疱的周围有红晕水疱的液体清亮，水疱的长轴与皮纹是一致的。

通过养成良好的个人卫生习惯，可以有效降低手足口病的发生。

（1）饭前便后要用肥皂或洗手液等给儿童洗手，勤洗澡，要喝白开水，不要喝生水、吃生冷食物，避免接触患病儿童；

（2）看护人接触儿童前、替幼童更换尿布、处理粪便后均要洗手，并妥善处理污物；

（3）婴幼儿使用的奶瓶、奶嘴使用前后应充分清洗、消毒；

（4）本病流行期间不宜带儿童到人群聚集、空气流通差的公共场所，注意保持家庭环境卫生，居室要经常通风，勤晒衣被；

（5）儿童出现相关症状要及时到医疗机构就诊。居家治疗的儿童，不要接触其他儿童，父母要及时对患儿的衣物进行晾晒或消毒，对患儿粪便及时进行消毒处理；轻症患儿不必住院，宜居家治疗、休息，以减少交叉感染。

7. 狂犬病的防治

狂犬病是由狂犬病毒引起的所有温血动物和人的一种急性致死性脑脊髓炎，以狂躁不安、行为反常、攻击行为、进行性麻痹和最终死亡为特征，潜伏期长，致死率几乎100%。

（1）狂犬病的流行特点。咬伤是狂犬病病毒传播的最重要途径，98%的动物或人的狂犬病都是通过被患病动物咬伤引起的。咬伤部位越接近头部或伤口越深，其发病率越高。潜伏期变动很大，与动物易感性、伤口距中枢距离、病毒毒力和数量有关，一般2～8周发病，有时更长。

（2）狂犬病的症状。狂犬病的确诊只能通过实验室检测才能获得。人感染狂犬病后的主要表现为以下临床症状：患者开始时焦躁不安、不适、头痛、体温升高，随后兴奋和感觉过敏，流涎，对光、声敏感，瞳孔散大，咽肌痉挛，吞咽困难，并出现恐水症状，甚至听到流水声就发生惊恐和痉挛性发作。兴奋期可能持续至死亡，或在死前出现全身麻痹。

（3）防止人感染狂犬病的措施。首先，要对家养犬等动物进行免疫接种，对感染动物实施安乐死，防止患病动物攻击人类；其次，狂犬病的预防要从防止暴露手部，旅游者、动物饲养人员、相关动物从业人员和实验室相关研究人员在存在暴露危险前，应当进行暴露前免疫，作业时应当穿戴必要的防护服装；同时，狂犬病疫苗要在被咬伤马上使用，进行紧急治疗，因为人出现狂犬病症状以后，进行治疗一般不会治愈。

知识链接——被犬咬伤后，伤口如何处理？

（1）被咬后立即挤压伤口排去带毒液的污血或用火罐拔毒，但绝不能用嘴去吸伤口处的污血。

（2）用20%的肥皂水或1%的新洁尔灭彻底清洗，再用清水洗净，继用2%～3%碘酒或75%酒精局部消毒。

（3）局部伤口原则上不缝合、不包扎、不涂软膏、不用粉剂，以利伤口排毒，如伤及头面部，或伤口大且深，伤及大血管需要缝合包扎时，应以不妨碍引流，保证充分冲洗和消毒为前提，做抗血清处理后即可缝合。

（4）可同时使用破伤风抗毒素和其他抗感染处理，以控制狂犬病以外的其他感染，但注射部位应与抗狂犬病毒血清和狂犬疫苗的注射部位错开。

8. 禽流感的预防

禽流感是由禽流感病毒引起的一种急性传染病，也能感染人类，人感染后的症状主要表现为高热、咳嗽、流涕、肌痛等，多数伴有严重的肺炎，严重者心、肾等多种脏器衰竭导致死亡，病死率很高。禽流感的防治要注意以下几个方面：

（1）加强禽类疾病的监测，一旦发现禽流感疫情，动物防疫部门立即按有关规定进行处理。养殖和处理的所有相关人员做好防护工作。

（2）避免与活禽直接接触。高致病性禽流感病毒在一定条件下可以存活很久，比如在禽的粪便中能够存活105天，在羽毛间能存活18天。因此，要尽量避免直接接触活禽。接触禽类后，甚至摸过鸡蛋或者生冷禽类制品，都要用洗手液及清水彻底洗净双手。

（3）不要自行宰杀禽类。在有禽流感疫情存在期间，不要自行宰杀禽类食用，因为直接接触患病家禽的粪便或呼吸道分泌物时就有可能感染上禽流感。

（4）不要生食禽肉。在厨房中要将生熟分开，牢记不吃生的或半熟的鸡肉、鹅肉、鸭肉等，尤其是其血液制品，一定要烧熟才吃。

第三节　常见慢性病的预防

慢性病主要指以心脑血管疾病（高血压、冠心病等）、糖尿病、恶性肿瘤、慢性阻塞性肺部疾病（慢性气管炎、肺气肿等）、精神异常和精神病等为代表的一组疾病，具有病程长、病因复杂、健康损害和社会危害严重等特点。慢性病的危害主要是造成脑、心、肾等重要脏器的损害，易造成伤残，影响劳动能力和生活质量，且医疗费用极其昂贵，增加了社会和家庭的经济负担。因此，慢性病的预防非常重要。

一、糖尿病的预防

1. 糖尿病的表现

糖尿病是一种由多种病因引起的代谢疾病，典型的临床表现是“三多一少”，即多尿、多饮、多食、体重减少。

（1）多尿。由于血糖过高，经肾小球滤出的葡萄糖不能完全被肾小管重吸收，形成渗透性利尿。血糖越高，尿糖排泄越多，尿量越多。

（2）多饮。由于高血糖使血浆渗透压明显增高，加之多尿，水分丢失过多，发生细胞内脱水，加重高血糖，使血浆渗透压进一步明显升高，刺激口渴中枢，导致口渴而多饮。

（3）多食。由于大量尿糖丢失，人体处于半饥饿状，需要补充能量引起食欲亢进，食量增加。同时又因高血糖刺激胰岛素分泌，因而病人易产生饥饿感，食欲亢进，老有吃不饱的感觉。

（4）体重减少。糖尿病患者尽管食欲和食量正常，甚至增加，但体重下降，主要是由于胰岛素绝对或相对缺乏或胰岛素抵抗，机体不能充分利用葡萄糖产生能量，致脂肪和蛋白质分解加强，消耗过多，呈负氮平衡，体重逐渐下降，乃至出现消瘦。

2. 糖尿病的危害

（1）糖尿病足。主要以下肢动脉粥样硬化为主，糖尿病患者由于血糖升高，可引起周围血管病变，导致局部组织对损伤因素的敏感性降低和血流灌注不足，在外界因素损伤局部组织或局部感染时较一般人更容易发生局部组织溃疡，这种危险最常见的部位就是足部，故称为糖尿病足。临床表现为下肢疼痛、溃烂，严重供血不足可导致肢端坏死。

（2）糖尿病对心脑血管的危害。心脑血管并发症是糖尿病致命性并发症。主要表现为主动脉、冠状动脉、脑动脉粥样硬化，以及广泛小血管内皮增生及毛细血管基膜增厚的微血管糖尿病病变。由于血糖升高，红细胞膜和血红蛋白糖化，导致血管内皮细胞缺血、缺氧及损伤，从而引起血管收缩与扩张不协调，血小板黏聚，脂质在血管壁的沉积，形成高血糖、高血脂、高粘血症、高血压，致使糖尿病心脑血管病发病率和死亡率呈指数上升。

（3）糖尿病肾病。由于高血糖、高血压及高血脂，肾小球微循环滤过压异常升高，促进糖尿病肾病发生和发展。早期表现为蛋白尿、浮肿，晚期发生肾功能衰竭，是2型糖尿病最主要的死亡原因。在各原因所致的晚期肾病中糖尿病占第一位。

（4）糖尿病眼病。糖尿病患者除动脉硬化、高血压视网膜病变及老年性白内障外，糖尿病视网膜病与糖尿病性白内障为糖尿病危害眼球的主要表现。轻者视力下降，重者可引起失明。另外，糖尿病还能引起青光眼及其他眼病。

（5）糖尿病对神经的危害。糖尿病神经病变是糖尿病最常见的慢性并发症之一，是糖尿病致死和致残的主要原因。糖尿病神经病变以周围神经病变和植物神经病变最常见。周围神经病变临床表现为四肢末梢麻木、灼热感或冰冷刺痛，重者辗转反侧，彻夜不眠；植物神经病变表现为排汗异常（无汗、少汗或多汗），腹胀、便秘或腹泻，站立位低血压，心动过速或过缓，尿不尽或尿失禁。

3. 糖尿病的预防

（1）合理饮食。现已知道，热量过度摄入、肥胖、缺少运动是发病旳重要因素。低糖、低盐、低脂、高纤维、高维生素，是预防糖尿病旳最佳饮食配方。吃饭要细嚼慢咽，多吃蔬菜，尽可能不在短时间内吃含葡萄糖、蔗糖量大的食品，这样可以防止血糖在短时间内快速上升，对保护胰腺功能有帮助。

（2）生活规律，加强锻炼。合理而有规律地作息，避免过度劳累，改掉不健康的生活方式，如熬夜、嗜好烟酒等。同时，要进行适当体育运动，避免肥胖。也要注意避免或少用对糖代谢不利的药物。

（3）定期检测血糖。为尽早发现无症状性糖尿病，要定期进行体检，做到早发现早治疗。

二、冠心病的预防

冠心病是冠状动脉性心脏病的简称，是一种最常见的心脏病，是指因冠状动脉狭窄、供血不足而引起的心肌机能障碍或器质性病变，故又称缺血性心肌病。冠心病是全球死亡率最高的疾病之一，根据世界卫生组织2011年的报告，我国的冠心病死亡人数已列世界第二位。

1. 冠心病的表现

冠心病有以下五种临床表现：

（1）隐匿型。患者有冠状动脉硬化，但病变较轻或有较好的侧支循环，或患者痛阈较高因而无疼痛症状。

（2）心绞痛型。在冠状动脉狭窄的基础上，由于心肌负荷的增加引起心肌急剧的、短暂的缺血与缺氧的临床综合征。

（3）心肌梗死型。在冠状动脉病变的基础上，发生冠状动脉供血急剧减少或中断，使相应的心肌严重而持久地急性缺血导致心肌坏死。

（4）心力衰竭型。心肌纤维化，心肌的供血长期不足，心肌组织发生营养障碍和萎缩，或大面积心肌梗死后，以致纤维组织增生所致。

（5）猝死型。指由于冠心病引起的不可预测的突然死亡，在急性症状出现以后 6 小时内发生心脏骤停所致。主要是由于缺血造成心肌细胞电生理活动异常，而发生严重心律失常导致。

2. 冠心病的预防

（1）生活要规律。早睡早起，避免熬夜工作，保证充足的睡眠时间。临睡前不看紧张、恐怖的小说和电视。

（2）身心愉快。忌暴怒、惊恐、过度思虑以及过喜。

（3）控制饮食。饮食清淡，易消化，少食油腻、脂肪、糖类。要吃足够的蔬菜和水果，少食多餐，晚餐量少，不宜喝浓茶、咖啡。

（4）戒烟少酒。吸烟是造成心肌梗塞、中风的重要因素，应绝对戒烟。少量饮啤酒、黄酒、葡萄酒等低度酒可促进血脉流通，气血调和，但不能喝烈性酒。

（5）加强体育锻炼。不但能预防肥胖，改善心肺功能，增强应变能力；还能减少高血脂症、糖尿病、高血压、高黏血症和血栓形成的发生。运动应根据各人身体条件、兴趣爱好选择，如打太极拳、乒乓球、健身操等。要量力而行，使全身气血流通，减轻心脏负担。

（6）定期体检。45 岁以上中年人、肥胖者、有高血脂症家族病史者、经常参加吃喝应酬者、高度精神紧张工作者，都属高危对象，应定期（至少每年一次）检查血脂、血压等指标。

三、高血压的预防

高血压是最常见的心血管病，是一种以动脉血压持续升高为主要表现的慢性疾病，常引起心、脑、肾等重要器官的病变并出现相应的后果。

知识链接——高血压的标准

按照世界卫生组织建议使用的血压标准是：凡正常成人收缩压（俗称“高压”）高于 140 mmHg 和舒张压（俗称“低压”）高于 90 mmHg，即为高血压。

1. 高血压的表现

（1）头疼。部位多在后脑，并伴有恶心、呕吐等症状。若经常感到头痛，而且很剧烈，同时又恶心作呕，就可能是向恶性高血压转化的信号。

（2）眩晕。眩晕是高血压的常见症状，多在突然蹲下或起立时有所感觉。

（3）耳鸣。双耳耳鸣，持续时间较长。

（4）心悸气短。高血压会导致心肌肥厚、心脏扩大、心肌梗死、心功能不全。这些都是导致心悸气短的症状。

（5）失眠。多为入睡困难、早醒、睡眠不踏实、易做噩梦、易惊醒。这与大脑皮质功能紊乱及自主神经功能失调有关。

（6）肢体麻木。常见手指、脚趾麻木或皮肤如蚁行感，手指不灵活。身体其他部位也可能出现麻木，还可能感觉异常，甚至半身不遂。

知识链接——引起高血压疾病的原因

高血压病因不明，与发病有关的因素有：

• 年龄。发病率有随年龄增长而增高的趋势，40 岁以上者发病率高。

• 食盐。摄入食盐多者，高血压发病率高。

• 体重。肥胖者发病率高。

• 遗传。大约半数高血压患者有家族史。

• 环境与职业。有噪音的工作环境，过度紧张的脑力劳动均易发生高血压，城市中的高血压发病率高于农村。

2. 高血压的预防

（1）合理膳食。严格控制每日摄入食物的热量，尽量做到低盐、低脂，合理搭配饮食结构。食物要多样，以谷类为主，精密搭配；多吃蔬菜、水果和薯类；常吃奶类、豆类及其制品；经常吃适量鱼、禽、瘦肉，少吃肥肉和荤油；坚持能量摄入，并增加运动，防止超重和瘦削；吃清淡少盐的膳食，多喝茶。

（2）适量运动。运动对高血压的重要性：运动除了可以促进血液循环，降低胆固醇的生成外，并能增强肌肉，减少骨骼与关节僵硬的发生。运动能增加食欲，促进肠胃蠕动、预防便秘、改善睡眠。培养持续运动的习惯，最好是做有氧运动，才会有帮助。有氧运动同减肥一样可以降低血压，如散步、慢跑、太极拳、骑自行车和游泳都是有氧运动。

（3）戒烟限酒。吸烟会导致高血压。研究证明，吸一支烟后心率每分钟增加 5～20 次/分，收缩压增加 10～25 mmHg。因为烟叶内含有尼古丁（烟碱）会兴奋中枢神经和交感神经，使心率加快，同时也促使肾上腺释放大量儿茶酚胺，使小动脉收缩，导致血压升高。适当饮酒，尤其是少量的红葡萄酒或黄酒对身体健康是好处的，但是要严格限制饮酒量，过度酗酒，尤其是高度数的白酒，是引起高血压、中风的重要原因。

（4）心理平衡。高血压患者的心理表现是紧张、易怒、情绪不稳，这些又都是使血压升高的诱因。患者可通过改变自己的行为方式，培养对自然环境和社会的良好适应能力，避免情绪激动及过度紧张、焦虑，遇事要冷静、沉着；当有较大的精神压力时应设法释放，向朋友、亲人倾吐或鼓励参加轻松愉快的业余活动，将精神倾注于音乐或寄情于花卉之中，使自己生活在最佳境界中，从而维持稳定的血压。

四、高血脂的预防

高血脂症是一种常见病症，在中老年人当中发病率高，它引起动脉粥样硬化，乃至冠心病、脑血栓、脑出血等，危及生命。

1. 高血脂的危害

血脂是人体中一种重要的物质，有许多非常重要的功能，但是不能超过一定的范围。如果血脂过多，容易造成“血稠”，在血管壁上沉积，逐渐形成小斑块（就是我们常说的“动脉粥样硬化”）。这些“斑块”增多、增大，逐渐堵塞血管，使血流变慢，严重时血流被中断。这种情况如果发生在心脏，就引起冠心病；发生在脑，就会出现脑中风；如果堵塞眼底血管，将导致视力下降、失明；如果发生在肾脏，就会引起肾动脉硬化，肾功能衰竭；发生在下肢，会出现肢体坏死、溃烂等。此外，高血脂可引发高血压，诱发胆结石、胰腺炎，加重肝炎，导致男性性功能障碍、老年痴呆等疾病。

2. 高血脂的预防

（1）控制高脂肪饮食，合理分配一天的总热量（早餐30%、中餐40%、晚餐30%），严格选择胆固醇含量低的食品，如蔬菜、豆制品、瘦肉、海蜇等；适量摄入含较多不饱和脂肪酸的饮食是合理的。蛋黄、动物内脏、鱼子和脑含胆固醇较高，应忌用或少用。少吃煎炸食品，限制糖食的摄入。

（2）改善生活方式。加强体育锻炼，增加总胆固醇的分解，降低血清甘油三酯水平。

（3）加强对血脂影响因素的控制。注意肥胖性遗传，有计划地减肥，保持正常体重。

（4）注意其他疾病的检查。发现血脂异常，应检查血糖、肝、肾功能和心脑血管疾病的相关内容，尽可能确定有无促发血脂异常的其他疾病，为治疗打好基础。

五、颈椎病的预防

颈椎病是由于颈椎间盘退行性病变、颈椎骨质增生所引起的一系列临床症状的综合征，是脊椎病的一种。临床常表现为颈、肩臂、肩胛、上背及胸前区疼痛，臂手麻木，肌肉萎缩，甚至四肢瘫痪。

1. 颈椎病的成因

在颈椎病的发生发展中，慢性劳损是罪魁祸首，长期的局部肌肉、韧带、关节囊的损伤，可以引起局部出血水肿，发生炎症病变，在病变的部位逐渐出现炎症机化，并形成骨质增生，影响局部的神经及血管。

外伤是颈椎病发生的直接因素。往往在外伤前人们已经有了不同程度的病变，使颈椎处于高度危险状态，外伤直接诱发症状发生。

不良的姿势是颈椎损伤的另外一大原因，如长时间低头工作，躺在床上看电视、看书，喜欢高枕，长时间操作电脑，剧烈地旋转颈部或头部，在行驶的车上睡觉，这些不良的姿势均会使颈部肌肉处于长期的疲劳状态，容易发生损伤。

颈椎的发育不良或缺陷也是颈椎病发生不可忽视的原因之一。

2. 颈椎病的症状

颈椎病的症状非常丰富，多样而复杂，多数患者开始症状较轻，在以后逐渐加重，也有部分症状较重者。主要症状表现为：

（1）颈肩酸痛可放射至头枕部和上肢。

（2）一侧肩背部沉重感，上肢无力，手指发麻，肢体皮肤感觉减退，手握物无力，有时不自觉地握物落地。

（3）其严重的典型表现是：下肢无力，行走不稳，双脚麻木，行走时如踏棉花的感觉。

（4）最严重者甚至出现大小便失控，性功能障碍，甚至四肢瘫痪。

（5）常伴有头颈肩背手臂酸痛，颈脖子僵硬，活动受限。

（6）有的伴有头晕，房屋旋转，重者伴有恶心呕吐，卧床不起，少数可有眩晕，猝倒。

（7）当颈椎病累及交感神经时可出现头晕、头痛、视力模糊，双眼发胀、发干、双眼张不开、耳鸣、耳堵、平衡失调、心动过速、心慌，胸部紧束感，有的甚至出现胃肠胀气等症状。也有吞咽困难、发音困难等症状。

多数起病时轻且不被人们所重视，多数能自行恢复，时轻时重，只有当症状继续加重不能逆转而影响工作和生活时才引起重视。如果疾病久治不愈，会引起心理伤害，产生失眠、烦躁、发怒、焦虑、忧郁等症状。

3. 颈椎病的预防

（1）避免高枕睡眠的不良习惯，高枕使头部前屈，增大下位颈椎的压力，有加速颈椎退变的可能。

（2）注意颈肩部保暖，避免头颈负重物，避免过度疲劳，坐车时不要打瞌睡。

（3）注意端正头、颈、肩、背的姿势，不要偏头耸肩，谈话、看书时要正面注视。要保持脊柱的正直。

（4）及早彻底治疗颈肩、背软组织劳损，防止其发展为颈椎病。

（5）劳动或走路时要防止闪、挫伤。

（6）长期伏案工作者，应定时改变头部体位，按时做颈肩部肌肉的锻炼。

（7）及时消除颈咽部的炎症。急慢性咽炎、扁桃腺炎、颈部软组织感染、颈淋巴结炎，应及时治疗，防止沿淋巴系统向颈椎及关节囊扩散。

知识链接——“举头望明月”，可缓解颈椎的疲劳

白天工作时从早到晚都在“埋头苦干”，头部姿势就好像是“低头思故乡”，这样的人最容易得颈椎病。因此，长时间伏案工作的人，下班后不妨做做“举头望明月”的动作。具体做法是：背部贴墙站立，仰头并使头顶后部抵墙，用这样的姿势坚持适当时间，再复原。反复做几次，有助于缓解颈椎的疲劳，防止颈椎病。

六、骨质疏松的预防

骨质疏松是全身骨质减少的一种情况，是一种世界性的多发病、常见病。

1. 骨质疏松的成因

骨质疏松是全身骨质减少的一种情况，骨质疏松时，骨骼中蛋白质等有机类物质及水分的含量减少，而钙、磷等矿物质含量相对保持在正常水平。由于骨基质在钙、磷等矿物质之间起支持和连接作用，所以如果骨基质减少，则矿物质之间的间隙就增大，表现为骨质疏松。随着骨质疏松的进展，骨骼中钙、磷等矿物质也会不断丢失及减少，从而造成骨骼中骨基质和矿物质都减少的情况。人的骨骼是不断进行新旧更替的，如果打破这种平衡，形成新骨的速度小于分解旧骨的速度，就会逐渐形成骨质疏松。

2. 骨质疏松的症状

（1）疼痛。原发性骨质疏松症最常见的症状，以腰背痛多见，占疼痛患者中的70%～80%。疼痛沿脊柱向两侧扩散，仰卧或坐位时疼痛减轻，直立时后伸或久立、久坐时疼痛加剧，日间疼痛轻，夜间和清晨醒来时加重，弯腰、肌肉运动、咳嗽、大便用力时加重。

（2）身长缩短、驼背，多在疼痛后出现。脊椎椎体前部几乎多为松质骨组成，而且此部位是身体的支柱，负重量大，容易压缩变形，使脊椎前倾，背曲加剧，形成驼背，而且随着年龄增长，骨质疏松加重，驼背曲度还会加大。

（3）易骨折。这是骨质疏松症最常见和最严重的并发症。

（4）呼吸功能下降。胸、腰椎压缩性骨折，脊椎后弯，胸廓畸形，可使肺活量和最大换气量显著减少，患者往往可出现胸闷、气短、呼吸困难等症状。

3. 骨质疏松的预防

骨质疏松症给患者生活带来极大不便和痛苦，治疗收效很慢，一旦骨折又可危及生命，因此，要特别强调落实三级预防。

（1）一级预防。应从儿童、青少年做起，如注意合理膳食营养，多食用含钙、磷高的食品，如鱼、虾、虾皮、海带、牛奶、乳制品、骨头汤、鸡蛋、豆类、精杂粮、芝麻、瓜子、绿叶蔬菜等。尽量摆脱“危险因子”，坚持科学的生活方式，如坚持体育锻炼，多接受日光

浴，不吸烟，不饮酒，少喝咖啡、浓茶及含碳酸饮料，少吃糖及食盐，动物蛋白也不宜过多，晚婚、少育，哺乳期不宜过长，尽可能保存体内钙质，丰富钙库，将骨峰值提高到最大值是预防生命后期骨质疏松症的最佳措施。加强骨质疏松的基础研究，对有遗传基因的高危人群，重点随访，早期防治。

（2）二级预防。人到中年，尤其妇女绝经后，骨丢失量加速进行。此时期应每年进行一次骨密度检查，对快速骨量减少的人群，应及早采取防治对策。近年来欧美各国多数学者主张在妇女绝经后 3 年内即开始长期雌激素替代治疗，同时坚持长期预防性补钙，以安全、有效地预防骨质疏松。

（3）三级预防。对骨质疏松症患者应积极进行药物治疗，还应加强防摔、防碰、防绊、防颠等措施。对中老年骨折患者应积极手术，实行坚强内固定，早期活动，体疗、理疗心理、营养、补钙、止痛、促进骨生长、遏制骨丢失，提高免疫功能及整体素质等综合治疗。

知识链接——补钙食品

• 牛奶。半斤牛奶，含钙 300 毫克，还含有多种氨基酸、乳酸、矿物质及维生素，促进钙的消化和吸收。而且牛奶中的钙质人体更易吸取，因此，牛奶应该作为日常补钙的主要食品。其他奶类制品如酸奶、奶酪、奶片，都是良好的钙来源。

• 海带和虾皮。海带和虾皮是高钙海产品，每天吃上 25 克，可补钙 300 毫克。并且它们还能够降低血脂，预防动脉硬化。海带与肉类同煮或是煮熟后凉拌，都是不错的美食。虾皮中含钙量更高，25 克虾皮就含有 500 毫克的钙，所以，用虾皮做汤或做馅都是日常补钙的不错选择。

• 豆制品。大豆是高蛋白食物，含钙量也很高。500 克豆浆含钙 120 毫克，150 克豆腐含钙就高达 500 毫克，其他豆制品也是补钙的良品。

• 动物骨头。动物骨头里 80% 以上都是钙，但是不溶于水，难以吸收，因此在制作成食物时可以事先敲碎它，加醋后用文火慢煮。吃时去掉浮油，放些青菜即可做成一道美味鲜汤。

• 蔬菜。蔬菜中也有许多高钙的品种。雪里蕻 100 克含钙 230 毫克；小白菜、油菜、茴香、芹菜等每 100 克钙含量也在 150 毫克左右。

第四节　地方病的预防

地方病是指具有严格的地方性区域特点的一类疾病。在某些特定地域内经常发生并相对稳定，与地理环境中物理、化学和生物因素密切相关。全国各省、自治区、直辖市都有不同的地方病发生，有的地区可多达五六种，受威胁人口多达4.2亿。地方病主要发生在广大农村、山区、牧区等偏僻地区，病区呈灶状分布。

知识链接——地方病分布

我国地方病分布广，罹患者多，受威胁人口更多。如除上海市外的31个省、自治区、直辖市都有地方性甲状腺肿、地方性克汀病和地方性氟中毒。截至1992年年底，地方性甲状腺肿病人仍有700多万，地方性克汀病人25万多，重病区7～14岁儿童智力低下发生率15%，亚临床克汀病人达1 000万左右，受威胁人口多达4.2亿。地方性氟中毒病人中氟斑牙患者4 186万，氟骨症200万左右，受威胁人口3.7亿。全国10多个省、自治区、直辖市有大骨节病（14个省、自治区、直辖市）、克山病（15个省、自治区、直辖市）及鼠疫（17个省、自治区）。大骨节病受威胁人口达1亿，患者200多万，克山病受威胁人口8 290万。

一、地方病的种类

地方病按其病因可分为两类：地球化学性地方病、自然疫源性疾病。

1. 地球化学性地方病

俗称“水土病”，是因为当地水或土壤中某种元素缺乏或过多引起的疾病。元素缺乏性地方病主要是碘缺乏病，大骨节病和克山病也与元素缺乏有关；元素过多性地方病有地方性氟中毒、地方性砷中毒、地方性高碘。

2. 自然疫源性地方病

其病因是微生物和寄生虫，是一类传染性的地方病。指某些地区在自然界存在某种病原体与宿主（宿主，也称为寄主，是指为寄生虫、微生物等病原体提供生存环境的生物），该病在野生动物或禽畜间自然流行，该地区为自然疫源地。如果人进入该地区，通过一定条件，就会被感染而发病，如鼠疫、布氏杆菌病、血吸虫病等。

二、常见地方病的预防

1. 血吸虫病的预防

血吸虫对患者带来的危害以虫卵所致的损害最为严重。当血吸虫的幼虫钻入人体皮肤后，伤口周围会红肿发痒，症状持续两三天后消失，但血吸虫逐渐侵入人体肝脏及大肠，当移行到肝脏时，虫卵沉着在人的肝脏及肠壁等组织，形成虫卵肉芽肿，会出现急性肝炎，到达肠系膜静脉丛后，会开始产卵，在幼虫入侵人体1～3个月，病程进入急性期，虫卵穿透病人肠壁时，就会有全身不适、发烧、腹痛、腹泻、血便等症状出现，最后导致肝脾肿大、肠壁纤维化、肝硬化和腹水。在儿童则可因反复感染而引起发育不良、智力减退、生殖机能不好，形成血吸虫性“侏儒症”，丧失劳动力。

我国长江流域及长江以南的12个省（市、自治区）的部分县（市）均有发现，最南处为广西横县，最北处为江苏宝应县。血吸虫病是严重危害人体健康的寄生虫病。其防治原则是年年查治病人、病牛，杀灭钉螺，管好人、畜粪便，粪便要储存一段时间再使用，防止能孵出毛蚴的虫卵落入有螺水体，管好水源。虽到1958年，我国已基本消灭了血吸虫病，但近些年，钉螺的面积和病人有回升趋势。因此彻底消灭血吸虫病仍是一项极其艰巨的任务。

血吸虫病不分男女老少、职业和种族，只要接触疫水，人人都容易感染血吸虫。接触疫水的次数越多，感染血吸虫的可能性也越大。就职业而言，渔民、船民、半农半渔和农民等职业人群因生产劳动，接触疫水的机会多，血吸虫感染率颇高。为了更好的预防，应注意以下几点。

（1）认真查灭易感地带钉螺。疫区在洪水漫滩之前，采取氯硝柳胺喷洒、浸杀、土埋等措施灭螺。

（2）强化粪便管理。不随地大小便，厕所应建在水淹不到的地方，棚区粪便要集中处理，不要排入江河、湖塘。

（3）抓好健康教育和个体防护。提高疫区群众自我保健意识和防护能力，杜绝非必要性接触疫水。

（4）根据血吸虫通过钉螺传播、通过粪便传播等客观因素，食用螺时一定要高温灭菌，同时，如生活在血吸虫病区要注意个人卫生，做好对身体裸露部位的保护工作（比如手、脚），尤其重要。

2. 碘缺乏病的预防

碘是一种人体必需的化学营养物质，人体缺碘会造成碘缺乏病。碘缺乏病是世界上分布最广泛和受危害人数最多的一种地方病。我国是世界上严重缺碘的国家之一，碘缺乏病流行范围广，发病人数多，而且病情较重。合格的碘盐里含有我们每天所需要的碘，我们每天必须吃入一定量的碘盐才能够维持正常的身体发育和智力发育，才能够保证正常的学习、工作、劳动和生活，就像我们每天必须吃饭一样重要。

（1）全民使用碘盐。全民使用碘盐能有效地预防碘缺乏病，这是全世界公认的安全、有效、方便和价格便宜的补碘方法。但购买碘盐后应该注意密封、避光、避风、避免受热和久存，以防止碘的丢失，并且要坚持常年使用。

（2）在日常生活中多吃些含碘丰富的食品，如海带、海鱼、海虾、紫菜等。

（3）炒菜不能用碘盐爆锅，要等菜熟后再放盐。

知识链接——缺碘的危害

缺碘能引起甲状腺肿（俗称大脖子病、粗脖根），影响人体正常生理功能，还能引起流产、早产、死胎、先天性畸形、聋哑，更重要的是胚胎期和婴幼儿缺碘会引起大脑发育障碍。儿童缺碘：引起甲状腺肿大，甲状腺功能低下，智力低下，体格发育落后。成人缺碘：引起甲状腺肿大，无力，易疲劳，劳动能力低下。

3. 地方性氟中毒的预防

地方性氟中毒就是由于人们通过空气、食物、饮水长期摄入过量的氟，引起以骨骼和牙齿损害为主的全身慢性蓄积性中毒。

根据氟的来源不同，分为饮水型、燃煤污染型和饮茶型。饮水型氟中毒就是有些地方长期饮用含氟较多的泉水、沟水或井水所致；燃煤污染型氟中毒就是有些地方（特别是产煤山区）长期敞灶燃烧含氟较高的煤烘炕食物和取暖，煤燃烧释放的氟便污染了食物和室内空气，人们吃了被污染的食物、水和吸入污染的空气，摄入了过量的氟，长期如此，即发生氟中毒；饮茶型氟中毒就是发生在我国西部地区少数民族长期大量饮用高氟砖茶水所致的一种地氟病，砖茶系粗老茶叶所制，茶树具有天然富氟功能，茶叶越老含氟越高，砖茶的氟含量是普通茶叶的几倍至几十倍。

氟中毒最突出的表现是骨骼和牙齿受损害。骨骼损害引起氟骨症，出现全身关节疼痛，四肢或躯干麻木，手足抽搐、僵硬，严重时还有关节活动困难，弯腰驼背，胸廓变形，甚至不能直立行走，丧失劳动能力。

地方性氟中毒目前尚无有效的治疗手段，关键在于预防。减少机体对氟的摄入，增加对氟的排泄，改善生活条件，增加机体抵抗力。

目前主要是针对不同的原因，采取不同的措施预防地方性氟中毒。在燃煤污染型氟中毒病区，主要是改变烘炕食物和烤火的方法，如提倡不直接在煤火上烘炕食物（主要指玉米、辣椒、腊肉），不敞炉取暖；改良炉灶，安装烟囱把炉灶燃烧煤产生的烟尘排出室外。饮水型氟中毒病区，以改换饮用低氟水，如打建新的低氟水源井，饮用低氟的江、河、湖、泉水以及物理化学方法除氟。主要的除氟剂有硫酸铝、氯化铝、碱式氯化铝、骨炭、羟基磷灰石等。饮茶型地氟病的防治主要是供应低氟砖茶为主，同时提倡喝淡茶水、多喝牛奶、多吃新鲜蔬菜、多食用汤菜，减少高氟砖茶水的摄入量，改善营养也不失为有效的防治方法。

4. 大骨节病的预防

大骨节病是发生于儿童，以关节软骨、骺软骨和骺软骨板变性坏死为基本病变的地方性骨病，又称柳拐子病。患病者发病年龄较小，一般为 3～15 岁儿童，手、足和踝部发病率高。大骨节病区饮水中微量元素不足、过剩和失衡可能是引起营养不良性改变的因素。因此，我们需在以下几个方面多加注意。

（1）改良水质。针对病区居民饮水矿化度较低、自然污染较重的情况，应努力改良水质。有条件的地方可依据当地水文地质条件打深井，或引水质好的泉水入村。应加强对饮水源的保护，防止污染。水质不良、有机物含量高者可因地制宜修建滤水设施，集中滤过，统一供水。

（2）改善粮食质量。针对病区居民食物单调、偏食情况，应提倡农作物种植和食物多样化。北方有水利条件的病区可以改旱田为水田，把以玉米或小麦为主的主食改为以大米为主。粮食的收割、运输至储存，都要及时充分晾晒或烘干，防止粮食霉变。谷物磨粉前后，也应保持充分干燥，以遏制霉菌的繁殖和产生毒素。

（3）补硒。针对病区土壤、农作物分硒而采取的措施。作为大面积投硒预防，可考虑农作物喷硒。也可采取补充硒盐的方法，硒盐配制方法是，每吨盐加入亚硒酸钠 15 克，搅拌均匀。这和碘盐预防碘缺乏病一样，也是一种简便易行的方法。此外，讲卫生也将对预防大骨节病起到良好的作用。

第五节　肿瘤的预防

一、肿瘤的种类及危害

肿瘤是人体器官组织的细胞，在外来和内在有害因素的长期作用下所产生的一种以细胞过度增殖为主要特点的新生物。这种新生物与受累器官的生理需要无关，不按正常器官的规律生长，丧失正常细胞的功能，破坏了原来器官结构，有的可以转移到其他部位，危及生命。肿瘤可以分为良性肿瘤和恶性肿瘤两大类。

1. 良性肿瘤

良性肿瘤生长缓慢，呈膨胀性生长，表面常有完整包膜，除局部症状外较少全身症状，不向周围组织浸润也不向全身转移，手术切除后不易复发，对机体危害较小，如脂肪瘤、血管瘤、腺瘤、囊肿等。

2. 恶性肿瘤

恶性肿瘤生长迅速，生长时常向周围组织浸润，表面几无包膜，常向全身转移，病理检查可见不典型核分裂，除局部症状外，全身症状明显，晚期病人多出现恶病质，手术切除后复发率高，对机体危害大，如胃癌、食管癌、肝癌、肺癌、白血病、骨肉瘤等。

二、肿瘤的成因

1. 内因

如果身体内部的某些条件或状况适合外界环境中致癌物质的作用，这些人群就具备了癌症发病的内因。包括精神因素、内分泌失调、免疫缺陷与遗传因素等。约有60%的癌症患者在发病前有明显的精神创伤史。内分泌紊乱可能与乳腺癌、前列腺癌发病有关。先天性免疫缺陷或长期应用免疫抑制药的人群中，肿瘤的发病率较高。遗传因素与癌的发病有密切关系，如患有错构瘤病综合征、遗传性皮肤病、染色体脆弱综合征等遗传病者，约10%发生恶性肿瘤，一些致癌外因诱发肿瘤时也都通过遗传因素起作用。

2. 外因

外界致癌因素是引起癌症的重要刺激因素，大约80%～90%的癌症是由环境因素引起的。已知致癌因素有化学、物理、生物、营养等几种，较重要的有以下几项：

（1）职业因素。因长期接触煤焦油、芳香胺或偶氮染料、亚硝胺类化合物等而致的职业性癌，可占全部癌症的2%～8%。职业性癌一般有相当长的潜伏期，发生在皮肤、泌尿道、呼吸道等部位的职业性癌较常见。

（2）放射线及紫外线。电离辐射（X射线、γ射线）所诱发的癌症约占全部癌症的3%，紫外线照射可诱发皮肤癌或恶性黑色素瘤。

（3）饮食。人类的饮食结构和习惯与消化道癌关系密切。膳食中脂肪过多易诱发乳腺癌、大肠癌；水果和蔬菜可降低大肠癌的发病；有些食品添加剂具有致癌作用；腌、熏食品和一些蔬菜、肉类、火腿、啤酒中可能含有致癌的亚硝酸盐和硝酸盐；含有黄曲霉毒素的食品与肝癌发病可能有关。

（4）药物影响。治疗癌症的各种抗肿瘤药特别是烷化剂，本身也具有致癌作用；此外，某些解热镇痛药、抗癫痫药、抗组胺药、激素类等与癌症的病因有关。

（5）寄生虫与病毒。血吸虫病可引起膀胱癌；中华分枝睾吸虫可引起胆管癌。迁延性乙型肝炎所致的肝硬化患者容易发生肝癌；单纯疱疹病毒与宫颈癌的发病有关。许多病毒可以诱发动物肿瘤，但在人类尚缺乏直接证据。

（6）吸烟与被动吸烟。肺癌病人中吸烟者是不吸烟者的10倍；吸烟者肺癌、喉癌、食管癌、膀胱癌、口咽癌的发病率也比不吸烟者高。吸烟量与癌症发病关系尚不明确，即使接触烟草的烟雾量不大也会发生癌症。近年来还发现，经常生活在嗜烟者烟雾环境中的不吸烟者，发生癌症的机会也多。

三、肿瘤的预防

随着人类对肿瘤，尤其是恶性肿瘤——癌症的认识不断深化，逐渐意识到的“预防”是抗击癌症最有效的武器，1/3 的癌症是可以预防，1/3 的癌症如能及早诊断，则可能治愈。癌症预防的最终目的，就是降低癌症的发生率和死亡率。为了达到这一目的，可通过一级预防、二级预防、三级预防和化学预防等方式。最主要的是一级预防。

一级预防其目标是防止癌症的发生。其任务包括研究各种癌症病因和危险因素，针对化学、物理、生物等具体致癌、促癌因素和体内外致病条件，采取预防措施，并针对健康机体，采取加强环境保护、适宜饮食、适宜体育，以增进身心健康。重要的是“防患于未然”的这一时期。

知识链接——世界卫生组织公布的十大垃圾食品

1. 油炸类食品：含致癌物
2. 腌制类食品：咸菜、泡菜，含亚硝酸盐
3. 加工类肉食品：肉干、肉松、香肠，含亚硝酸盐
4. 饼干类食品：含食用香精和色素
5. 汽水类：磷酸、碳酸带走体内大量的钙
6. 方便类食品：主要是方便面和膨化食品，含防腐剂和香精，含盐过高
7. 罐头类：包括鱼肉类和水果类
8. 果脯类：含亚硝酸盐
9. 冷冻甜食：冰激凌、冰棒、雪糕，含奶油引起肥胖
10. 烧烤类：含大量苯并芘，一只烤鸡腿＝60 支香烟的毒性

一是要戒烟。吸烟为人们所熟知的致癌因素，与 30％的癌症有关。吸烟主要引起肺、咽、喉及食管部癌肿，在许多其他部位也可使其发生肿瘤的危险性增高。

二是要合理调整饮食结构。合理的膳食能对大部分癌都有预防作用，特别是植物类型的食品中存在各种各样的防癌成分，这些成分几乎对所有癌的预防均有效果。从饮食方面预防肿瘤主要是建立合理健康的膳食结构；养成良好的饮食习惯，用一句通俗的话来说就是：杂食、素食、粗食、不偏食。不同食物对于癌症的影响见表 2—1。

表 2—1　　食物与癌症的关系

食物类型	举例说明
食物中的抗癌物质	维生素：C、A、E 和 B 族（为抗氧化剂，可以阻断致癌物的形成，抑制致癌物的活化，抵抗致癌物的致癌活性）
	微量元素：硒、锌、钼等（可以增强细胞对致癌物的抵抗作用）
	纤维素、胡萝卜素、西红柿素、叶绿素、类黄酮、叶酸等

续表

食物类型	举例说明
食物中的致癌物质	亚硝胺是一种常见的致癌物。可引起多种癌症。存在于腌制食品、剩饭、不新鲜的食品、腐烂的蔬菜中
	高脂肪易发生乳腺癌、子宫癌、大肠癌，高浓度酒精（可以使消化道黏膜表面的蛋白质变性，而增加肿瘤的发病率）
	多环芳烃主要存在于熏制和烧烤的食品中。一次性发泡塑料餐具：在超过 65 摄氏度时，会产生 16 种毒素。当用塑料袋或发泡塑料盒去装滚烫的食物时，会把毒素溶解在食物中

知识链接——世界癌症研究基金会提出的 14 条防癌建议

1. 以植物性食物为主的多样化膳食，占总量的 2/3 以上，品种在 5 种以上。
2. 全年多吃蔬菜和水果。
3. 少吃精制糖和甜食。
4. 少吃红肉（牛、羊、猪），每天摄入量小于 80 g，以鱼、禽肉代替。
5. 少吃高脂肪食物，特别是动物性脂肪。选择适宜的植物油并控制用量。
6. 限制食盐和腌制食物，食盐每天的摄入量小于 6 g。
7. 不吃霉变食物。
8. 食品冷藏保鲜，不吃常温下存放过久的食物。
9. 加工食品中的添加剂、污染物及残留物应低于国家规定的限量。
10. 少吃烧烤、烟熏食物。
11. 少喝酒，饮用白酒时，不宜超过 50 g。
12. 不吃营养补充剂。
13. 保持适宜的体重。
14. 坚持体力活动。

第六节　家庭安全用药

医药进家门，治病又救人。很多家庭都在家里备用一些常用药品，当家人出现一些小毛病时，就可以及时地进行治疗，所以备药是必需的，也是常见的。但药品是一种特殊的商品，关系到人们生命安危，决不能马虎从事，掉以轻心。因此，备药该怎么备，还应该注意什么问题都需要慎重考虑。

一、家庭常用药品种

家庭常用药大致可分两类：一类是普通常备药；一类是特殊常备药。分别介绍如下：

1. 普通常备药

治疗常见普通病症。治疗感冒、咳嗽、发热、过敏、止痛、腹泻、消炎、胃痛、晕车等。包括内服和外用两大类，详见表 2—2。

表 2—2 **普通常备药**

类型	药名	适用症状
内服药	安定	具有镇静、催眠等作用。失眠者可于睡前服用，但久服易成瘾
	晕海宁	患晕动病者乘车、船、飞机前半小时服用，能避免眩晕、呕吐等反应
	扑热息痛	可用于感冒、发热、头痛、神经痛与关节痛等
	阿司匹林	能退热、止痛、抗炎、抗风湿。其小剂量还可预防血栓。但对胃有刺激性，最好用其肠溶片
	咳必清	宜用于频繁干咳，但对痰多、黏稠者禁用
	必咳平	能使痰液变稀容易咳出，且可维持疗效 7 小时左右
	复方甘草合剂	不但能止咳，而且有化痰功效，适用于伤风感冒与急性支气管炎初期。2 岁以下小儿忌服
	舒喘灵	可防治支气管哮喘、哮喘型支气管炎和肺气肿患者的支气管痉挛。它不宜与心得安合用
	多酶片	若消化液分泌不足，造成食物消化发生障碍，或饱餐过食，某些肠道传染病的恢复期出现功能性消化不良时，可在饭时服用多酶片
	复方新诺明	可用于支气管炎、肺部感染、尿路感染及菌痢等。但对过敏者禁用
	黄连素	可治疗红眼病与菌痢、急性肠胃炎等疾病
	氟派酸	可用于呼吸道、泌尿道、肠道和阴道等感染性疾病，但对胃溃疡者慎用；少儿及孕妇、乳母禁用。少儿可改用无味红霉素
	甲硝唑	适用于厌氧菌感染、牙周炎及滴虫、阿米巴原虫等感染
	头孢拉定胶囊	可用于呼吸道、泌尿道、肠道等轻度感染
	息斯敏	可用于过敏性鼻炎、结膜炎、风疹块等疾患，无嗜睡反应。但孕妇禁用
	六神丸	消肿解毒药，可用于急性扁桃体炎、咽喉炎、痈疽疮疖等症，勿超量服用，以防中毒
	牛黄解毒片	可用于目赤、咽喉炎、急性扁桃体炎、口腔溃疡、齿龈炎和疖肿等症
	云南白药	有止血、祛瘀功效，既可用于外伤，又能治疗胃肠、子宫等内出血。孕妇忌用
外用药	紫药水	仅用于局部未破损的皮肤，有收敛作用，但严禁涂布于口腔及黏膜或开放性的伤口上，以免带来严重危害
	碘酒	可用于治疗疖子初起、皮肤擦伤、毒虫咬伤、无名肿毒等症。若已破损的皮肤及伤口黏膜不宜使用
	酒精	以 75%浓度用于皮肤与体温表消毒，50%酒精涂擦皮肤，既可防治褥疮，也可作为高热病人的降温措施之一

续表

类型	药名	适用症状
外用药	风油精	能提神醒脑，可防治晕车、头痛及蚊虫叮咬等症
	绿药膏	可用于轻度烫伤、烧伤、冻伤及皮炎等症
	金霉素眼膏	可用于结膜炎、沙眼、麦粒肿，也可用于鼻黏膜肿痛等
	创可贴	有止血消炎作用，适用于切口整齐、表浅、较小的不需要缝合的割伤

2. 特殊常备药

根据家庭中某个人的特殊病情而准备的药品。如高血压患者，应备有复方降压片、硝苯地平（心痛定）；冠心病患者应备有保健急救盒、速效硝酸甘油、硝酸异山梨酯片（消心痛）、复方丹参片、双嘧达莫片（潘生丁）、冠心苏合丸、速效救心丸。

知识链接——旅行药箱

外出旅行时，需要准备一个常用药的小药箱，并要根据自己的病史带上特需的药。

旅行药箱

类型	药品/作用
感冒药	感冒清热冲剂、速效伤风胶囊、阿司匹林、布洛芬、扑尔敏、苯海拉明等
消化不良	黄连素片、保济丸、藿香正气丸、乳酶生、保和丸、山楂丸；吗丁啉等
腹泻	整肠丸、泻立停等
晕车晕动片	镇静、催眠及抗胆碱药。用于乘车、船、飞机等运动引起的眩晕、呕吐等症状
上火	牛黄解毒丸或黄连上清丸，用于咽喉肿痛、牙龈肿痛、耳鸣口疮、大便不通等
创可贴	用于应付意外受伤
清凉油	用于应付蚊虫叮咬、头晕
眼药水	用于游泳或泡温泉后或灰沙入眼
活络油	用于跌打损伤，风湿骨痛
红药水	消毒防腐，用于皮肤，黏膜的表浅小伤口的消毒
紫药水	消毒杀菌，收敛，干燥创面，用于皮肤、黏膜的感染及小面积表浅烧伤
云南白药	用于刀枪跌打诸伤及内外出血与血瘀肿痛

二、家庭常备药物注意事项

家庭药箱配备哪些常用药物，原则上应根据每个家庭经济状况、实际需要而定。

1. 配备原则

视家庭人口多少与家庭成员健康状况而定。一般以治疗常见病、多发病、慢性病的药物为主，品种要少而精。一只药瓶或药盒只装一种药物，要贴有标签，标签上写清楚药名、规格、用途、用法、用量以及注意事项。小儿用药及使用剂量也要写清楚。内服药与外用药分开存放，并要有明显标志写明是外用，还是内服，以免用错药。

2. 注意储藏

家庭备用药物应放在干燥通风阴暗处保存。家中有小孩的，应注意存放的药品不要让小孩能拿到，以免误服。

3. 定期检查药品质量

家庭药箱备存的药物应定期检查是否变质霉变。一般有有效期的药品应注意其失效日期，其他药品则应注意其外观变化，如有颜色改变或出现霉点等异常情况，应弃之不用。

思考题

1. 心脏疾病有哪些早期信号？
2. 肾脏疾病有哪些早期信号？
3. 糖尿病患者需预防的四大危险因素是什么？
4. 骨质疏松与颈椎病的治疗方式有哪些？
5. 如何预防碘缺乏症？
6. 简述高血压患者的饮食禁忌。
7. 简述肿瘤患者的心理特点。
8. 家庭常备药物应掌握哪些储备原则？

第三章　日常伤痛预防与急救

学习目标：

◆了解中暑、溺水、冻伤、扭伤、电击、晕厥等日常生活中常见的伤痛症状

◆掌握几种日常生活中常见的伤痛的急救原则和方法

第一节　中暑的预防与急救

一、中暑的原因

中暑是指在高温环境下人体体温调节功能紊乱而引起的中枢神经系统和循环系统障碍为主要表现的急性疾病。除了高温、烈日暴晒外，工作强度过大、时间过长、睡眠不足、过度疲劳等均为常见的诱因。当人们在夏季长时间受到强烈阳光的照射，或停留在闷热潮湿的环境中，以及在炎热的天气里长时间行走，过度疲劳等情况下，由于环境温度过高，空气湿气大，体内余热难以散发，热量越积越多，易导致体温调节中枢失控而发生中暑。

在35℃以上的高温环境中待久了，人就会出现头痛、头昏、恶心、乏力，若不采取保护措施，病情继续发展，就会大量脱水，中暑症状会进一步加重，导致极度乏力、反应迟钝、萎靡不振，严重时还会出现脑水肿、昏迷、全身痉挛、抽搐，甚至死亡。

高温中暑常发人群为：高温作业工人、夏天露天作业工人、夏季旅游者、家庭中的老年人、长期卧床不起的人、产妇和婴儿。

二、中暑的类别

1. 先兆中暑

先兆中暑为中暑中最轻的一种。表现为在高温条件下劳动或停留一定时间后，出现头昏、头痛、大量出汗、口渴、乏力、注意力不集中等症状，此时的体温可正常或稍高。这类

病人经及时处理后，病情很快会好转，一般不造成严重后果。处理方法也比较简单，通常是将病人立即带离高热环境，来到阴凉、通风条件良好的地方，解开衣服，口服清凉饮料及0.3%的冰盐或十滴水、人丹等防暑药。经短时间休息和处理后，症状即可消失。

2. 轻症中暑

体温38.5℃以上，除有先兆中暑症状外，出现循环衰竭或体热发散障碍期症状，如面色苍白、恶心呕吐、血压下降、脉搏细弱而快或面色潮红、皮肤灼热等症状，患者被迫停止工作。

3. 重症中暑

重症中暑是中暑中情况最严重的一种，如不及时救治将会危及生命。这类中暑又可分为四种类型：热痉挛、热衰竭、日射病和热射病。

（1）热痉挛。多发生于大量出汗及口渴，饮水多而盐分补充不足致血中氯化钠浓度急速明显降低时。这类中暑发生时肌肉会突然出现阵发性痉挛的疼痛。

（2）热衰竭。这种中暑常常发生于老年人及一时未能适应高温的人。主要症状为头晕、头痛、心慌、口渴、恶心、呕吐、皮肤湿冷、血压下降、晕厥或神志模糊。此时的体温正常或稍微偏高。

（3）日射病。这类中暑的原因正像它的名字一样，是因为直接在烈日的暴晒下，强烈的日光穿透头部皮肤及颅骨引起脑细胞受损，进而造成脑组织的充血、水肿；由于受到伤害的主要是头部，所以，最开始出现的不适就是剧烈头痛、恶心呕吐、烦躁不安，继而可出现昏迷及抽搐。

（4）热射病。有部分人在高温环境中从事体力劳动的时间较长，身体产热过多而散热不足，导致体温急剧升高。发病早期有大量冷汗，继而无汗、呼吸浅快、脉搏细速、躁动不安、神志模糊、血压下降，逐渐向昏迷伴四肢抽搐发展；严重者可产生脑水肿、肺水肿、心力衰竭等。

三、中暑的预防

1. 注意个人防护

工作服宜宽松，以保证通风良好。为了保护头部和眼睛，可戴防护眼镜。

2. 及时补充水分

不要等口渴了才喝水，每天喝水1.5～2升。出汗较多时可适当补充一些盐水，弥补人体因出汗而失去的盐分。供给合理的饮料及营养。出汗多应饮用0.3%的冷盐开水或冷冻盐汽水，应适当增加蛋白质和维生素B、C的摄入。另外，夏季人体容易缺钾，使人感到倦怠疲乏，含钾茶水是极好的消暑饮品。

3. 保持充足睡眠

夏天日长夜短，气温高，人体新陈代谢旺盛，消耗也大，容易感到疲劳。夏季应合理安排休息时间。可实行小换班、延长午休等办法。农村可采取“早出工、晚收工，中午不上工”的作息制度。充足的睡眠，可使大脑和身体各系统都得到放松，既利于工作和学习，也是预防中暑的措施。睡眠时注意不要躺在空调的出风口和电风扇下，以免患上空调病和热伤风。

4. 穴位按摩疗法

轻症中暑，可取足三里、大椎、曲池、合谷、内关五穴，以单手拇指或双手指顺该穴经络走向，由轻至重在该穴位上掐压，缓慢疏推和点按穴位，反复进行 3～5 分钟，以局部产生酸、麻、痛、胀感为度。

重症中暑，除上述穴位按摩外，另增加人中、十宣、委中、阳陵泉、少冲五穴，以点掐、按压为主，每穴点掐、按压 3～5 分钟。经上述治疗后，若条件许可，给予清凉含盐饮料，或以银针针刺以上穴位，有增强疗效的作用。

5. 擦药疗法

取食盐一把，揉擦两手腕、双足心、两胁、前后心等八处，擦出许多红点，患者即觉轻松而愈，适用于先兆中暑或轻度中暑。

四、中暑的急救

当发现有人是因为在强烈的阳光下或闷热的环境中停留时间过长中暑后，要立即将病人移到通风、阴凉、干燥的地方，如走廊、树阴下，取仰卧、头高位的姿势，解开衣服，如衣服被汗水湿透，应更换干衣服，使其安静休息。尽快冷却体温，降至 38 度以下。

具体做法有：开电扇、空调，用凉湿毛巾冷敷头部、腋下以及腹股沟等处；用温水或酒精擦拭全身、头部和心前区放置冰袋等措施来迅速降低体温，同时需要及时补充丢失的水分。马上让患者喝淡盐水、绿豆汤等解暑，并采用少量、多次的饮水方法，每次不超过 300 毫升为宜，每小时喝水量不能超过 1 升。切忌拿白开水来给患者喝，这样做不妥，因为大量饮用白开水而未补足盐分会出现肌肉抽搐或肌肉痉挛性疼痛；切忌连续狂饮，因为大量喝水不仅会冲淡胃液、影响消化功能，还会引起反射性排汗亢进，使体内水分和盐分进一步大量流失，严重时可导致热痉挛。

配制淡盐水按 500 毫升水加 1 克盐的比例，可补充机体出汗的需要，同时也可防止电解质紊乱，因为人体大量排汗时，汗液带走了不少无机盐，如纳、钾、镁等。这些都需要盐来补充。喝 10℃左右的凉淡盐水，可达到迅速降温、解渴、缓解中暑的目的。

解救清醒后的病人，必须在凉爽通风处充分安静休息，并饮用大量糖盐水以补充体液损失。因为此时体内的抗中暑机能处于疲劳状态，若再重回炎热的环境或参加体力活动，则后果将比上次中暑更加严重

对病情较重的患者，应立即移到阴凉处，让其平卧（或抬高下肢），根据不同的病情，分别作如下处理：中暑痉挛时，牵伸痉挛肌肉使之缓解，并服用含盐清凉饮料；中暑衰竭

时，服用含糖、盐的饮料，并在四肢作重推摩、擦摩；日射病时，头部用冰袋或冷水湿敷；全身高热时，应迅速降温，如用冷水或冰水擦身（擦至皮肤发红），或在额、颈、腋下和腹股沟等处放置冰袋，也可用50%酒精擦浴。症状重或昏迷患者，可针刺人中、涌泉、中冲等穴，并应迅速拨打“120”，请医务人员紧急救治，送医院进行抢救。

第二节　溺水的预防与急救

一、溺水的症状

溺水是由于人体淹没在水中，呼吸道被水堵塞或喉痉挛引起的窒息性疾病。常因严重缺氧等导致呼吸衰竭、心跳停搏致死。溺水后呼吸、心跳都已停止，称为溺死；呼吸已停而心跳未停者称为近乎溺死。溺水后常见病人全身浮肿，紫绀，双眼充血，口鼻充满血性泡沫、泥沙或藻类，手足掌皮肤皱缩苍白，四肢冰冷，昏迷，瞳孔散大，双肺有罗音，呼吸困难，心音低且不规则，血压下降，胃充水扩张。溺水时可有大量的水、泥沙、杂物经口、鼻灌入肺内，可引起呼吸道阻塞、缺氧和昏迷。溺水整个过程十分迅速，常常在4～5分钟或5～6分钟内即死亡。恢复期则可能出现肺炎、肺脓肿。

二、溺水的原因

1. 不熟悉水性意外落水

这种类型的溺水事故多见于儿童、青少年和老人，以误落水中为多，偶有投水自杀者，意外事故如遇有海浪、漩涡、沙坑、洪水等危险情况，还有船只沉翻等也是重要原因。

2. 熟悉水性却遇到意外的情况

（1）手足抽筋。这是最常见的导致熟悉水性的人溺水的原因，主要是由于下水前准备活动不充分、水温偏冷或长时间游泳过于疲劳，小腿抽筋时会感到小腿肚子突然发生痉挛性疼痛，以致造成溺水事故。

（2）潜水。有时因潜入到浅水而造成头部损伤而发生溺水。

（3）病发。有时候（特别是一些老年人）会因为心脏病发作或中风引起意识丧失，而发生溺水。

（4）呛水。游泳过程中因为不小心吸入少量水进入气管而引发咳嗽，由于没有恰当处理，反而坚持继续游泳，在头沉入水下的过程中呛咳，引起的大量水引入肺部，造成溺水。

三、溺水时的水中救护

1. 溺水的自救

溺水救护可自救和他救。所谓自救，是指不熟悉水性者溺水时，要尽量稳定情绪，采取仰游，使口、鼻露出水面以保证能进行呼吸。呼气宜浅，吸气宜深，争取能较长时间浮于水面以待抢救，不可将手上举或挣扎，否则会下沉得更快，凡会游泳者，若因小腿抽筋遇险，应当息心静气，及时呼人救援。自己可将拇趾屈伸，并采取仰游。

2. 溺水的他救

溺水的他救就是他人将溺水者从水中救起。若发现有人溺水，其他人应立刻通知“119”与当地救难人员协助求援。当溺水情形发生时，在岸边的人不宜直接下水，最好救援的方式是丢绑绳索的救生圈或长竿类的东西，如果没有经过专业训练，千万不要徒手下水救人，可就地取材，树木、树藤、枝干、木块、矿泉水瓶都可利用来救人。

如确实需要下水救人，救护者要镇静，尽量脱去外衣、鞋、靴等，迅速游到溺水者面前约 3 至 5 公尺，先吸大口气潜入水底从溺水者背后施救，看准位置，用左手从其左臂或身体中间握其右手，或拖头部，然后仰游拖向岸边。如救护者不习水性，可带救生圈、救生衣或塑料泡沫板、木板等，注意不要被溺水者紧抱缠身，以免累及自身。

四、溺水的预防

为了确保游泳安全，防止溺水事故的发生，必须做到以下几点：

第一，不要独自一人外出游泳，更不要到不摸底和不知水情或比较危险且常发生溺水伤亡事故的地方去游泳。选择好的游泳场所，对场所的环境，如该水库、浴场是否卫生，水下是否平坦，有无暗礁、暗流、杂草，水域的深浅等情况要了解清楚。

第二，必须要有组织并在熟悉水性的人的带领下去游泳，以便互相照顾。如果集体组织外出游泳，下水前后都要清点人数，并指定救生员做安全保护。

第三，要清楚自己的身体健康状况。平时四肢就容易抽筋者不宜参加游泳或不要到深水区游泳。要做好下水前的准备，先活动活动身体，如水温太低应先在浅水处用水淋洗身体，待适应水温后再下水游泳；镶有假牙的人，应将假牙取下，以防呛水时假牙落入食管或气管。

第四，对自己的水性要有明确认识。下水后不能逞强，不要贸然跳水和潜泳，更不能互相打闹，以免呛水和溺水。不要在急流和漩涡处游泳，更不要酒后游泳。

第五，在游泳中如果突然觉得身体不舒服，如眩晕、恶心、心慌、气短等，要立即上岸休息或呼救。

第六，在游泳中，若小腿或脚部抽筋，千万不要惊慌，可用力蹬腿或做跳跃动作，或用力按摩、拉扯抽筋部位，同时呼叫同伴救助。

五、溺水的急救方法

1. 清除口、鼻中杂物

上岸后，应迅速将溺水者的衣服和腰带解开，擦干身体，清除口、鼻中的淤泥、杂草、泡沫和呕吐物，使上呼吸道保持畅通，如有活动假牙，应取出，以免坠入气管内。如果发现溺水者喉部有阻塞物，则可将溺水者脸部转向下方，在其后背用力一拍，将阻塞物拍出气管。如果溺水者牙关紧闭，口难张开，救生者可在其身后，用两手拇指顶住溺水者的下颌关节用力前推，同时用两手食指和中指向下扳其下颌骨，将口掰开。为防止已张开的口再闭上，可将小木棒放在溺水者上下牙床之间。

2. 空水

在进行上述处理后，应着手将进入溺水者呼吸道、肺部和腹中的水排出。这一过程就是“空水”。常用的方法是：救护者一腿跪地，另一腿屈膝，将溺水者腹部横放在救护者屈膝的大腿上，头部下垂，后压其背部，使胃及肺内水倒出。但要注意，淡水溺者吸入肺的水常被吸收入血，3 分钟后即不可能排出。倒水后应再次清除口鼻部的异物。

3. 进行人工呼吸

人工呼吸是使溺水者恢复呼吸的关键步骤，应不失时机尽快施行，且不要轻易放弃努力，应坚持做到溺水者完全恢复正常呼吸为止。

常见的人工呼吸包括口对口吹气、气管插管、吸氧等，一般以口对口吹气为最佳。具体方法是：急救者位于伤员一侧，托起伤员下颌，捏住伤员鼻孔，深吸一口气后，往伤员嘴里缓缓吹气，待其胸廓稍有抬起时，放松其鼻孔，并用一手压其胸部以助呼气。反复并有节律地（每分钟吹 16～20 次）进行，直至恢复呼吸为止。如图 3—1 所示。

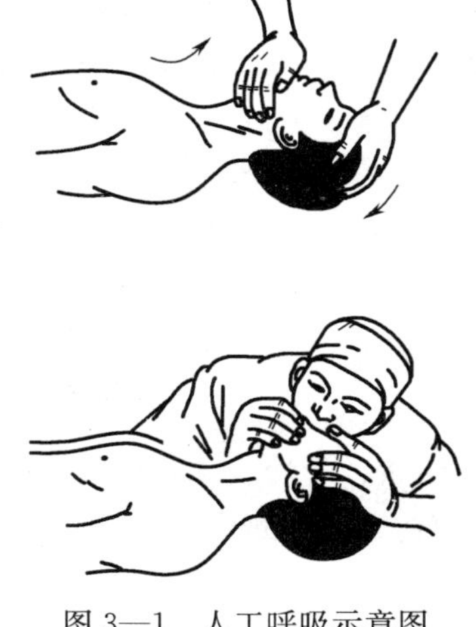

图 3—1　人工呼吸示意图

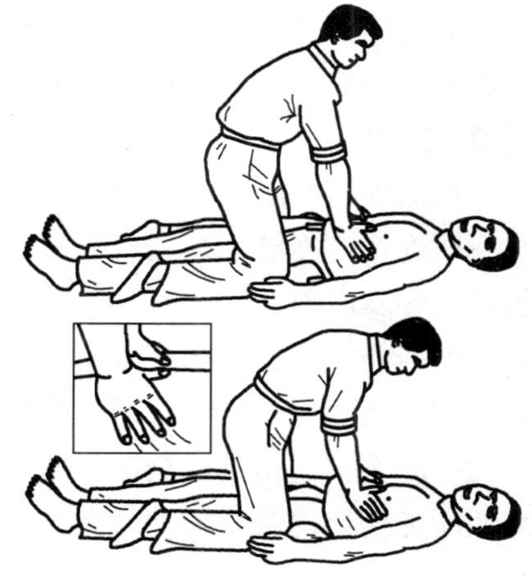

图 3—2　胸部按压示意图

4. 实施胸外心脏按压法

将溺水者救上岸后，如发现溺水者的心跳已停或极其微弱，则应立即施行胸外心脏按压，通过间接挤压心脏使其收缩与舒张，恢复泵血功能。

具体方法是：让伤员仰卧，背部垫一块硬板，头部稍后仰，急救者位于伤员一侧，面对伤员，右手掌平放在其胸骨下段，左手放在右手背上，借急救者身体重量缓缓用力，不能用力太猛，以防骨折，将胸骨压下 4 厘米左右，然后松手腕（手不离开胸骨）使胸骨复原，反复有节律地（每分钟 60～80 次）进行，直到心跳恢复为止。如图 3—2 所示。

第三节 冻伤的预防与急救

冻伤是人体遭受低温侵袭后发生的损伤。冻伤的发生除了与寒冷有关，还与潮湿、局部血液物质循环不良和抗寒能力下降有关。

一、冻伤的类型与级别

1. 冻伤的类型

一般将冻伤分为冻疮、局部冻伤和冻僵三种类型。

（1）冻疮。冻疮在一般的低温，如零上 3～5℃和潮湿的环境中即可发生。冻疮常在不知不觉中发生，部位多在耳廓、手、足等处。表现为局部发红或发紫、肿胀、发痒或刺痛，有些可起水疱，尔后发生糜烂或结痂。

（2）局部冻伤。局部冻伤多在 0℃以下缺乏防寒措施的情况下，耳部、鼻部、面部或肢体受到冷冻作用发生的损伤。

（3）冻僵。冻僵是指人体遭受严寒侵袭，全身降温所造成的损伤。伤员表现为全身僵硬，感觉迟钝，四肢乏力，头晕，甚至神志不清，知觉丧失，最后因呼吸循环衰竭而死亡。

2. 冻伤的级别

根据冻伤的损伤程度，将冻伤的级别分为四度：

（1）一度冻伤（冻结伤）。表现为红斑、水肿、皮肤麻痹和短暂的疼痛。皮损可以完全恢复，仅伴有轻度脱屑。

（2）二度冻伤。以明显的充血、水肿和水疱为特点，疱液清亮。皮损可以愈合，但可留有长期的感觉神经病变，常伴有明显的冷过敏。

（3）三度冻伤。包括真皮全层损伤，伴有血疱形成或蜡状、干燥、木乃伊样皮肤。

（4）四度冻伤。皮肤全层的彻底丧失，包括皮肤、肌肉、肌腱和骨骼的破坏，可导致截肢。

二、冻伤的预防

预防冻伤比治疗冻伤容易得多，必须防患于未然。预防冻伤要注意以下几个方面：

第一，注意锻炼身体，提高皮肤对寒冷的适应力。

第二，注意保暖，保护好易冻部位，如手足、耳朵等处，要注意戴好手套、穿厚袜、棉鞋等。鞋袜潮湿后，要及时更换。出门要戴耳罩，注意耳朵保暖。平时经常揉搓这些部位，以加强血液循环。

第三，在洗手、洗脸时不要用含碱性太大的肥皂，以免刺激皮肤。洗后，可适当擦一些润肤脂、雪花膏、甘油等油质护肤品，以保护皮肤的润滑。

第四，经常进行抗寒锻炼，用冷水洗脸、洗手，以增强防寒能力。

第五，患慢性病的人，如贫血、营养不良等，除积极治疗相应疾病外，要增加营养，保证机体足够的热量供应，增强抵抗力。

三、冻伤的急救和治疗

迅速脱离寒冷环境，防止继续受冻，如有条件可让患者进入温暖的房间，给予温暖的饮料，使患者的体温尽快提高，如在野外无条件迅速取暖可将冻伤部位放在自己或救助者的怀中取暖，同样可起到热水浴的作用，使受冻部位迅速恢复血液循环，切忌在对冻伤进行紧急处理时将冻伤部位用雪涂擦、火烤、冷水浸泡或猛力捶打患部，这样做只能加重损伤。

抓紧时间尽早快速复温，如有条件，应立即进行温水快速复温，复温后在充分保暖的条件下后送医院检查。如无快速复温条件，应尽早送医院，途中应注意保暖，防止外伤。到达医疗单位后应立即进行温水快速复温。特别对于救治仍处于冻结状态的二、三度冻伤，复温速度越快越好，能在5～7分钟内复温最好，最迟不应超过20分钟，快速复温是效果最显著而关键的措施。复温太晚可能增加晚期的并发症。

具体方法：将将冻伤的部位浸泡于38℃～42℃（不宜过高）温水中，水温不宜超过45℃，至冻区皮肤转红，尤其是指（趾）甲床潮红，组织变软为止，浸泡时间不宜过长，不能超过20分钟。对于颜面冻伤，可用42℃的温水浸湿毛巾，进行局部热敷。在无温水的条件下，可将冻肢立即置于自身或救护者的温暖体部，如腋下、腹部或胸部，以达复温的目的。

局部用药：复温后局部立即涂敷冻伤外用药膏，可适当涂厚些，指（趾）间均需涂敷，并以无菌敷料包扎，每日换药1～2次，面积小的一、二度冻伤，可不包扎，但注意保暖，二、三度冻伤未能分清者按三度冻伤治疗；冻伤的手术处理，应尽量减少伤残，最大限度的保留尚有存活能力的肢体功能。

知识链接——外敷药

发生冻疮后，可在局部涂抹冻疮膏；糜烂处可涂用抗菌类和可的松类软膏。可供使用的冻疮膏有呋喃西林霜剂、考地松霜剂、右旋醣酐霜剂等。

发生冻僵的伤员已无力自救，救助者应立即将其转运至温暖的房间内，搬运时动作要轻柔，避免僵直身体的损伤。然后迅速脱去伤员潮湿的衣服和鞋袜，将伤员放在 38℃～42℃的温水中浸浴；如果衣物已冻结在伤员的肢体上，不可强行脱下，以免损伤皮肤，可连同衣物一起浸入温水，待解冻后脱下。

第四节　电击的预防与急救

电击是由闪电、触及家用电线或意外事故中折断的电线、接触某些带电体等引起闪击所致。当人们遭到电击时，电流通过身体组织产生的热量，可严重烧伤并破坏机体组织，而且可使人体自身的导电系统短路，导致心跳停止。

一、电击对人体的危害

电击对人体伤害的程度从轻度烧伤直至死亡，取决于电流的种类和强度、触电部位的电阻、电流通过人体的路径以及触电持续时间长短等多种因素。

电流通过身体的路径是损伤程度的关键。电流进入身体最常见的部位是手，其次是头，电流流出身体的部位绝大多数是脚。由于电流从手臂到手臂或从手臂到脚，都要经过心脏，所以它比从脚到地危险得多。电流经过头部会引起癫痫发作、脑出血、呼吸停止和心理变化(如短期记忆障碍、性格改变、神经过敏和睡眠失调)，以及心率紊乱。

高压电流能使电流入口和出口之间的组织坏死并引起大面积肌肉烧伤。大量的液体和电解质丢失，严重烧伤时，会出现危险的低血压。损伤的肌纤维释放肌球蛋白，能引起肾脏损害，肾功衰竭。

触电持续时间也是重要因素。触电时间越长，组织受损的程度越重。紧紧粘在电源上的人可能受到严重的烧伤，症状取决于各种因素相互复杂作用的结果。电击可能使人突然受惊而摔倒或引起肌肉强有力收缩。这两种情况都可能引起关节脱位、骨折和钝挫伤。病人也可能丧失意识、呼吸麻痹、心跳停止。皮肤电灼伤明显，也可波及深部组织。

二、电击的预防

最重要的是普及用电知识和重视安全用电教育。保证所有电器用品正确设计、安装、维护，有助于防止家庭或工作场所的触电事故。凡有可能接触身体的电器，都应有可靠的接地并有断路保护装置线路。能在大地漏电电流小于 5 mA 时断开线路的断路器是很有效的安全装置，并已广泛使用。

预防雷击要根据现场情况采取适当的措施，如雷电时，不要在露天场地、棒球场、高尔夫球场站立，寻找避雨场所，但不要在容易吸引闪电的大树下或金属顶棚下停留，应离开水潭、池塘或湖泊。躲在汽车内是安全的。

知识链接——容易触电的五种情况

（1）架设供电线路不合规格。如临时急用线路架设过低；电力线与电话线共用一根线杆，久之绕在一起，刮风下雨人接电话而触电。

（2）用电设备损坏或不合规格。如日常照明用的电灯开关、灯头损坏，插座盖子破损，电动机、变压器等电气设备不检修，铁壳上不装接地线等。

（3）电源进线、临时线路、电力设备不装单独的开关和保险线，因而不能在发生事故后立即切断电源。

（4）不遵照安全规程办事，一味蛮干。如检修安装电灯、电器不拉断开关和闸盒；抢救触电者时，不用绝缘材料去挑开电线等。

（5）日常生活中的意外事故，如放风筝时，线搅在电线上，大风将电线刮落刮断等。

三、电击的急救

1. 脱离电源

急救的第一步应使病人脱离电源，最妥善的方法为立即将电源电闸拉开，切断电源，如拉下开关或拔掉电气设备的电源插头。如电源开关较远，应立即用木棍、竹竿、橡胶制品等绝缘物品，将电线、电器等与触电者分离。但对接触某些电力设备而被电击的病人，在切断电源后，应该用干燥木制绝缘物将病人从有关设备移开后，救助者方可接触，因这种设备可能具有仍带有残余电力的巨大的电容器性质。如电源开关离现场太远或仓促间找不到电源开关，则应用干燥的木器、竹竿、扁担、橡胶制器、塑料制品等不导电物品将病人与电线或电器分开，或用木制长柄的刀斧砍断带电电线。分开了的电气仍处于带电状态，不可接触。如果是高电压线路，任何人在电流未切断之前都不能触及伤员。高压电和低压电是很难区分的，救助者切勿以手直接推拉、接触或以金属器具接触病人，以免在救助时被电击伤。

2. 立即施行心、肺复苏

触电抢救的根本关键是心肺复苏术，不少病人都可在呼吸、心跳刚刚停止的几分钟内被挽救，施救不及时，生命难以保全。一旦可以安全接触伤员，营救人员应立即查明他是否有呼吸和脉搏，电击后病人往往昏迷，呼吸停止或不规则，心搏停止或减弱，应对其立即施行心肺复苏术进行抢救，同时呼叫救护车。

对呼吸也已停止者，救助者应立即施行持续的人工呼吸。在病人开始有一些恢复现象以后，人工呼吸必须继续延长至恢复正常的自动呼吸为止。看上去似已死亡的病人，大多由于呼吸麻痹，持久不断的人工呼吸，将有一部分人可以救活。人工呼吸最好用口对口的方法，每分钟 14～16 次。若具备条件，如送达急诊室后，可以速行气管插管，以气囊或呼吸器维持呼吸。

病人已发生心跳骤停但尚有呼吸者，应立即进行胸外心脏按压，每分钟 80 次左右。在受伤现场很难确定有无心室纤维性颤动，有时听不到心音及摸触不出脉搏，但心脏可能仍在微弱地跳动。若听不到心音但于颈动脉仍可见到微弱的搏动时，可能已有心室纤维性颤动。这种情况下胸外按压是必要的。应注意，病人的瞳孔扩大，通常它并不意味脑死亡。病人如心跳及呼吸均停止则应人工呼吸与心脏按压两者同时进行，其比例为 1∶4～1∶5。

在进行复苏的同时，可试图简单了解病况，如电源电流、电压、电流进口、接触时间、是否发生电弧或电火花、着地情况、有无从高处坠落等情况并检查伤员是否骨折、关节脱位、挫伤和脊椎损伤。如果有广泛的肌肉损伤，肌球蛋白可能损害肾脏，应大量补充液体，防止肾脏受损。

3. 预防感染

由于深部组织的损伤、坏死，伤口需开放治疗。厌氧菌肌炎是一种较常见的并发症，应早期应用大剂量青霉素以预防厌氧菌感染，直至坏死组织完全清除。应常规应用破伤风抗毒素及破伤风类毒素以预防破伤风。

第五节　晕厥的预防与急救

晕厥主要是由于大脑一时性缺血所导致的瞬间知觉丧失，俗称晕倒、昏厥。

一、晕厥的症状

由于晕厥多突然开始，发作前，病人一般无特殊症状，常自感头晕、心慌、恶心呕吐、面色苍白、全身无力、很快即眼前发黑，全身软弱无力而倒下。此时病人面色苍白、四肢发凉，脉搏细弱，血压下降。意识模糊持续数秒钟至数分钟后自然清醒，随之周身疲惫无力，一般无抽筋和尿失禁。但常有外伤。

知识链接——晕厥与昏迷、休克的区别

晕厥与昏迷不同，昏迷的意识丧失时间较长，恢复较难。晕厥与休克的区别在于休克早期无意识障碍，周围循环衰竭征象较明显而持久。晕厥是临床常见的综合征，具有致残甚至致死的危险，它的发生往往与体位突然改变有关，表现为肌肉无力，姿势性肌张力丧失，不能直立及意识丧失。其特点是突然发生、很快消失，数秒钟后或调整姿势后可自动恢复正常。晕厥有一定的发病率，甚至正常人也可能出现。

二、晕厥的原因

晕厥的发作多呈间断性，存在多种潜在诱因，情绪紧张、疼痛、过度疲劳、看见出血或处于闷热和通风不良的环境中、空腹等都有可能诱发。

1. 血管舒缩障碍

主要是血管迷走性晕厥及直立性低血压所致的晕厥。较少见的有排尿性晕厥和咳嗽性晕厥等。血管迷走性晕厥最为常见，约占58.4%，多见于年轻体质较弱的女性，往往有诱因，如疼痛、情绪紧张、恐惧、天气闷热、疲劳、空腹等。另一特点是往往在站立或坐着时发生，很少发生于卧位。晕厥发生时血压下降，心率减慢而心跳微弱，面色苍白出冷汗，但恢复较快，无明显后遗症。

2. 直立性低血压晕厥

发生于患者采取直立位或持久站立时，由于血液蓄积于下肢，回心血量减少，收缩压下降，导致脑部一时性供血不足所致。

3. 心源性晕厥

这一类晕厥最严重，系心脏病时心输出量减少或心脏停搏所致，其原因可由严重的心律失常、心脏排血受阻、心肌缺血等引起。晕厥可在任何体位突然发生，通常为数秒钟至数分钟，可伴有癫痫样抽搐，偶有大小便失禁，面色苍白，心搏与脉搏消失。一旦发生心源性晕厥，应立即抢救，进行心脏按压。

4. 脑原性晕厥

由于脑血管发生循环障碍，导致一过性、广泛性脑供血不足所致，最常见的就是一过性脑缺血发作。频繁的发作往往预示将发生较严重的脑梗塞。应注意高血压、高血脂及糖尿病

等危险因素，使用阿司匹林等抗血小板药物。

5. 血液成分异常引发的晕厥

（1）低血糖。血糖过低便出现低糖的一系列症状，如头昏、乏力、饥饿感、冷汗、神志恍惚，甚至发生晕厥。此类晕厥发生缓慢，恢复亦慢，常见于胰岛细胞瘤、肾上腺和垂体疾病、胰岛素或降糖药物过量患者。发作时测血糖，注射葡萄糖可终止发作。

（2）贫血。红细胞携带氧供脑。贫血时血中红细胞数目下降，血氧浓度下降，脑处于缺氧状态。此时突然站立或用力，脑需氧量增加，造成进一步缺氧，发生晕厥。此类人群应多注意休息和饮食营养调配。

（3）过度通气。多见于焦虑性神经症患者，以长期而不显示的焦虑为特点，常体验到一种渴求空气，想深呼吸的感觉，导致呼吸过度，CO_2 排出过量，血液 CO_2 含量和酸度下降，引起周围血管扩张，回心血量减少，脑血流量降低；低碳酸血症也可导致脑血管收缩和血红蛋白对氧的亲和力增加，降低大脑供氧量，导致晕厥发作。这些症状最常是焦虑发作的一部分，必须给予相应治疗。

（4）高原性或缺氧性晕厥。在高原缺氧环境下工作或劳动，因脑急性缺氧发生晕厥。在海拔 3 000 米以上，根据血红蛋白离解曲线可知氧张力进一步减低可造成氧饱和度急剧下降。患者表现为紫绀，严重者出现晕厥或抽搐。心率常增加，血压仍正常。

三、晕厥的预防

晕厥发生多有诱因，情绪紧张、疼痛、过度疲劳、看见出血及处于闷热和通风不良的环境之中、空腹等都可能诱发。避免上述诱因和加强体质锻炼有助于预防晕厥的发生。为防直立性晕厥（直立性晕厥发生在人们快速坐起或站立时），睡眠时可将枕头抬高，以利于晨起时血压调节，坐起或站立动作宜缓慢，防止脑部血液突然快速流向躯干而出现脑部暂时缺血缺氧；为防排尿性晕厥（多见于老年人，这是由于过度紧张时，回心血量减少），平时不要储尿过久，尽量避免站立排小便。没有心脏病的年轻人，晕厥通常并不严重，不留后遗症，因此过多的诊断性检查和治疗是不必要的。然而在老年人，晕厥发作可能与一些心血管疾病有关，需要慎重对待。

四、晕厥的急救

晕厥的现场急救原则是查明病因、清除诱因、尽早治疗，具体而言应采取以下措施：

第一，发现晕厥患者后，应立即将病人放平，置头低脚高位（卧位时使头下垂，坐位时将头置于两腿之间），松解衣扣、裤带及胸罩，头转向一侧，避免舌阻塞气道以利于畅通呼吸和增加脑部血液供应，同时查看病人呼吸和脉搏，注意保暖和安静。

第二，尽快将病人抬放在空气流通处，可用手指导引人中、中冲、合谷、百会、内关、涌泉等穴，向面部喷少量凉水和额头上置湿凉毛巾刺激可以帮助清醒。另可让病人点嗅氨水，有助于恢复意识。

第三，病人意识恢复后，可给喂服一杯热水、热茶或热咖啡，如果怀疑和低血糖有关可适量喂饮少量糖水。

第四，当病人脸色苍白、出冷汗、神志不清时，立即让病人蹲下，再使其躺倒，以防跌撞造成外伤，好转后也不要急于站起，以免再次晕厥。

第五，如果晕厥时，面色潮红、呼吸缓慢有鼾声，脉搏低于40或高于180，则可能是心脑血管疾病所致，应及时拨打“120”，以免贻误时机，造成严重后果。

第六节　踝关节扭伤的预防与急救

一、踝关节扭伤的症状及危害

踝关节是由胫骨、腓骨下端夹骑于距骨之上形成的，俗称“脚脖子”。踝关节扭伤也就是人们常说的“崴脚”。

踝关节扭伤是运动损伤中发生率最高的日常生活中常遇到的事，发生的原因大多是运动时身体失去重心、落地时踩在别人的脚上、脚被绊倒时或者在高低不平的路上行走、上下楼梯踩空等情况，常可能发生脚扭伤。

最常见的脚踝扭伤是脚踝内翻，即脚踝向身体的外侧扭，拉伤了前距腓韧带。主要症状有踝关节外侧疼痛、肿胀、皮下淤血及行走困难。足内翻时疼痛加剧，而足外翻则无疼痛。轻者发生韧带部分纤维断裂，重者则韧带纤维完全断裂，并引起关节脱位或半脱位，局部会发生关节肿胀、疼痛，严重时甚至造成骨折。

如果扭伤后不及时治疗，将大大增加脚踝的恢复时间，为自己带来不便。所以现场急救显得格外重要。

二、踝关节扭伤的预防

第一，运动前要清除运动场地的砖瓦石块，填平坑洼。要做好准备活动，踝关节充分活动开以后，再进行剧烈的活动。

第二，跑步、跳高、滑冰、打球等要讲究正确的姿势，不要用力过猛，防止脚掌内外翻，要使整个脚掌平着落地。

第三，平时注意踝关节周围肌肉的锻炼，增强踝关节的稳定性。如经常练习负重提踵、提踵蹲跳、上下坡跑步，踮着脚尖走路等。

第四，运动时，要准备一双好的运动鞋，它可以增加踝关节的稳定性，提供足够的缓冲力，保证踝关节在运动中有很好的力学支持，并减少伤病的发生。

第五，女性少穿高跟鞋，特别是下楼梯、走下坡或走不平的路时一定要小心。

三、踝关节扭伤的急救

扭伤后，千万不要立即入浴，不要按摩受伤部位，否则会加重伤势。应分以下步骤进行处理：

1. 分清伤势的轻重

扭伤的关节必须立即停止活动，用适当的绷带将伤处包扎好，使踝关节固定，然后让它休息。如果脚扭伤后能持重站立，勉强走路，说明扭伤为轻度。如果脚扭伤后足踝活动时有剧痛，不能持重站立或挪步，按着疼的地方在骨头上，并逐渐肿起来，说明可能扭伤到骨头，应立即去医院拍片诊治。

2. 正确使用冷敷和热敷

扭伤初期，破裂的小血管在流血，此时要用冷敷，每次10～20分钟，6小时1次，可收缩血管，消肿止痛，控制伤势发展。24小时后，破裂血管流血停止，这时可用热敷，促使扭伤处周围的淤血消散。

3. 将患处高举

将受伤的关节抬高，关节高过心脏的位置，这样可帮助静脉回流，也可帮助消肿。即使睡觉时也不必放下来。

4. 正确按揉扭伤局部

扭伤初期，以在血肿处做持续的按法为好；24小时后做揉法，以肿处为中心，向周围各个方向擦揉。

5. 适当进行活动

在扭伤初期，肿胀和疼痛逐渐加重，应停止活动，抬高患肢。待病情趋于稳定后，只要不是很痛，可逐步加大足踝部的活动。

6. 合理用药

扭伤初期，不需内服药，不宜外敷活血的药物，以免血流更多，肿胀更大，必要时用点“好得快”喷洒伤处，会感到舒服点。24小时后，内服些云南白药、跌打丸、活血止痛散，再外敷五虎丹，消肿后就不必内服和外敷药物了。

思　考　题

1. 如何预防中暑？

2. 溺水的症状有哪些？

3. 冻伤的急救处理方式有哪些?

4. 扭伤后，在疼痛停止前损伤恢复应遵循哪些基本原则?

5. 触电因采取哪些应急处理措施?

6. 简述体位性晕厥的防治措施。

第四章　常见的养生保健运动

学习目标：

◆了解有氧健步走的注意事项，并掌握几种健步走的科学要领

◆掌握游泳必备的基础知识，以及蛙泳和自由泳的技术要领

◆掌握常见跳绳的类型及基本跳法

◆了解太极拳的基本概况和保健功效

◆掌握简式二十四式太极拳的招式要领

第一节　有氧健步走

有氧健步走是一项比较便捷、理想的日常锻炼项目，经过各地健身群众的实践锻炼，确有明显的健身效果。

一、有氧健步走的作用

有氧健步走可以增加人体的心肺功能，增加骨头、肌肉力量，解除紧张、控制体重，最重要、最基本的作用包括以下几个方面：

1. 预防心脏病

据研究，一周健步走3小时以上，可降低35％～40％罹患心脏病的风险；美国医学学会也提出，每天走30分钟，可维持心肺功能的健康状况。即使每天设法抽出一段时间健步走，或利用短时间走路累积也行。

2. 降低高血压

行走可以减少荷尔蒙的分泌，进而降低血压，高血压患者应在医生指导下，了解身体所能承受的负荷，从散步开始，逐步健步走，每次持续30分钟以上。

3. 预防动脉硬化

现代人不健康的饮食习惯使血液的胆固醇与中性脂肪异常增高。血液胆固醇过多，会逐

渐渗入血管壁，动脉变硬变脆变狭窄，血液流通不畅，容易诱发心肌梗塞、脑梗塞等。胆固醇有好的HDL（高密度脂蛋白）、坏的LDL（低密度脂蛋白）之分，好的HDL会把多余的胆固醇送往肝脏，预防动脉硬化。持续20分钟以上的健步走，有助于分解体内中性脂肪，增加HDL的量。

4. 预防糖尿病

患糖尿病的原因，多半是饮食过量、运动不足等，而限制饮食量、减少体内的糖分，再用运动把存在肌肉内起能源作用的葡萄糖大量消耗掉，就可以降低血糖值。一天轻快健步走1小时，对Ⅱ型糖尿病有良好的预防效果。

5. 避免脂肪肝

研究人员发现，常走路的人血液循环较好，血可以流到聚积在肝脏的众多微血管的末端，肝的代谢功能就好。

6. 预防骨质疏松

年纪越长，骨质越加流失，骨头变干变脆，容易骨折或腰痛。预防骨质疏松除了多摄取含钙食物外，健步走更理想，需持续地走，朝每天1万步的目标迈进。

7. 改善腰、肩、头部疼痛

头部质量约占体重的十分之一，由颈椎与覆盖颈部到背脊的肌肉所支撑，如果驼背或姿势不良，肩胛肌的负担过重，肩膀就容易僵硬酸痛。最有效的治疗方式就是健步走，抬头挺胸，上肩大幅度摆动、大跨步前进，自然拉直了背肌与肩胛肌。

8. 助眠、舒解忧郁

多用双脚走路，能改善体内自律神经的操控状态，让交感神经与副交感神经的切换更灵活，有助于消除压力，更容易入眠。健步走还能增进自尊、自信与乐观。不过，有心脏病、气喘或心肺功能不佳的患者，健步走时必须特别注意身体状况；膝关节较弱容易酸痛的人，不宜快走。

二、有氧健步走的方式

1. 迈大步走

迈大步能够加大健步走的运动量，促进全身多部位参加运动。

（1）理论根据与健身功能。步幅在有氧健身健步走中具有非常重要的作用。通常，人行走的步幅都是生活中习惯了的步幅。“大步走”，看似只是步幅加大了一点，非常简单，但因此使肌肉的用力模式改变，从而改变平时走路的习惯，两腿肌肉的用力就增大了许多，双臂的摆动更强劲，有力地加快全身血液循环的速度，促进新陈代谢，增强心肺功能。大步走也能增加髋关节、膝关节、踝关节、肘关节、肩关节的活动强度，让这些部位的肌肉、韧带、肌腱更强健更富有弹性，给身体产生一个新的刺激效应。让身体在新的动态环境中，得到新的锻炼。

（2）具体走法。进行大步走，最关键的是确定步幅。每个人的走步习惯差异很大，所以大步走的步幅不是一个固定的数值。步幅的加大对锻炼效果有一定的好处，但步幅也不是越大越好。过大的步幅容易拉伤肌肉和韧带。一般的情况下，大步走的步幅以比自己平时习惯的步幅大出10厘米为宜。

迈腿时要适当抬高腿的高度，加强后腿的蹬地力量；注意双臂的摆动。

大步走注意事项：

1）做好准备活动，尤其是应注意要活动腰部，松开胯和髋关节；作好腿部活动，拉开韧带，不要忽视脚踝的活动，防止在大步走时伤了关节和韧带。

2）循序渐进，不要急于求成。

3）雨雪天气应提高警惕，防止因路面湿滑而摔倒受伤。

（3）运动强度。在进行健步走的过程中，为自己设定一段距离。在这段距离上，进行大步走的锻炼。根据自身的具体情况，可以逐步尝试尽可能地走大步，每一次大步走的时候并不需要单纯强调快，一定要讲究质量，把步子迈出去，迈得越远、越大越好。

2. 高抬腿走

高抬腿走是在健步走时加大抬腿高度的一种行走锻炼，旨在通过锻炼，加强腰、腿、腹部肌肉和韧带的力量，对防止疝气等疾病有作用。

（1）理论依据与健身功能。走路少，走路不用力，老龄退化等原因造成相当多的一部分人的腰腹部腿部力量下降。高抬腿走对所有的人都有好处，特别对中老年人。行走不便的人原地练习高抬腿，也有一定的功效，它能加大腿部肌肉群、腹部肌肉和腰部肌肉的运动，特别能加强腹斜肌的强度和弹性，坚持锻炼有助于防止“将军肚”，保持健康的体态，同时对预防疝气有一定的作用。

（2）具体走法。在健步走的过程中，在一定距离内进行高抬腿行走锻炼。要想较好地完成高抬腿动作，应注意在抬腿用力的同时收腹。抬腿的高度最好做到大腿与腹部的夹角小于90度，越小越好。

（3）运动强度。每次坚持200步。

知识链接——足弓与健康

人是唯一有足弓的脊椎动物，足弓的存在既表示了人的特征，同时也是人类进化过程中的一个标志。人的脚部有足弓，分为横弓和纵弓，它们在人走路的时候起到减震和弹性的作用。有正常的足弓走起路来才轻松，不会疼痛，跑步才有弹性。“人老腿先衰，腿衰要看脚”，这形象地说明人的脚反映了人衰老的进程，所以，拥有一双健康的脚可以有效地延缓身体的衰老，从中也能看出脚部锻炼的重要性。更为重要的是，“弹着走”能有效改善“糖尿病足”，改善脚部的血液循环，减轻痛苦的感觉，防止脚部坏死。

3. 倒着走

倒着走是指在健步走的过程中，掉转身体方向，进行背身行走锻炼的一种方法。旨在进行“反序运动”刺激锻炼人的神经系统，提高身体的平衡性和灵敏度。

（1）理论依据与健身功能。一般情况下人们很少做反向运动，如倒走、倒跑、倒跳等。其实，从健身的角度上看，人体锻炼仅仅只做向前的运动是不够的。从科学的角度上看，“反序运动”是生命需要的，进行倒着走这种“反序运动”的功效是多方面的：

1）人体肌肉中，负责反向运动的肌肉量远远低于正向肌肉量。因此，它是人体中最为薄弱的环节。进行倒着走锻炼可以弥补不足，使双向肌肉都变得饱满有力。

2）倒着走能有效地刺激人的神经系统，使人的动作更敏捷和协调。

3）倒着走锻炼反向运动肌肉，促进大脑皮层紧张感和兴奋度，有助于全身功能的调节，提高身体平衡性和灵敏性及应对意外事故和伤害的能力。

（2）具体走法。倒着走不光是掉转身体行走，重要的是在迈腿方式、行进速度、保持平衡等方面都有着自身的特点。倒者走最关键的是保持好身体的重心，防止因重心不稳发生摔倒。

1）向后迈腿，当脚落地站稳后再移动身体的重心；

2）身体重心落到落地这只脚后，另一只脚再离开地面。

3）运动强度。初次练习，可从 20 米距离开始，逐步增加。

知识链接——有氧健步走的“三确定”

• 定时。没有规律的锻炼可以说锻炼效果甚微，日常生活中“随机”的锻炼，比如早晨起来有时间了就去走一走，晚上有时间了就去散散步，只能说是散心，谈不上科学锻炼。最佳的锻炼时间应是下午三点到晚上九点。健步走锻炼最好在这一时间段内选一个固定的时间，到这个时间就去走，对控制血压、调节血脂、降血糖、改变血液黏稠以及改善红细胞的质量等会有很大的帮助。会给健康带来更多的益处。

• 定量。没有规律的走也不会使所进行的锻炼发挥最大的效能。所以，在健步走锻炼时，最好确定一个量，每天用这个距离或用一个时间去走，到这个时间就去走，走就走这么多量。这样的走给我们身体带来的锻炼刺激是非常准确的。

• 定度。每天用相对固定的强度进行健步走，达到一定的强度才能达到科学健身的理想效果，而不能时强时弱，随心所欲。

第二节 游　泳

游泳运动是最受欢迎的健身运动项目之一。许多运动项目都容易给机体造成劳损或损伤，但游泳是劳损和损伤率最低的体育活动。因此，游泳是一项很好的、可以终身进行锻炼的健身运动。

一、游泳运动的保健功能

适当地进行游泳锻炼，不仅能给人带来心理上的愉悦，塑造流畅和优美的体型，可以有效地提高和改善心肺血管机能、降低血液中胆固醇的含量，可以防止或减轻动脉硬化、高血压、心肌梗死、脑动脉硬化和血栓形成等心血管疾病；预防和治疗慢性支气管炎，增强体质，提高协调性。

1. 改善心血管系统

游泳时身体要克服水的阻力，需要动用较多的能量，使心率加快，心输出量增大。坚持长期进行游泳锻炼，心脏体积呈运动性增大，心肌收缩有力，安静心率减慢，每搏输出量增加，血管壁增厚，弹性加大，心血管系统的效率得到提高。

此外，游泳时人体处于平卧姿势，水对皮肤的压力又形成一种按摩作用，因此，肢体，尤其是下肢的血液向心脏的回流比在陆地上直立状态下容易，而且水的阻力使肌肉难以像在陆地上那样进行爆发式用力，这些特点非常适合中老年人进行锻炼，既能增强体质，又不容易因运动过于激烈而发生意外。

2. 提高呼吸系统的机能

在游泳练习时，水压迫着胸腔和腹部，给吸气增加了困难，由于胸腔和腹腔在水中受到的压力增大，那么，要想使身体获得足够的氧气，这就迫使呼吸肌必须不断地克服这种压力进行呼吸。所以，经常游泳，可以增大呼吸肌的力量，提高呼吸系统的机能。

3. 改善肌肉系统

游泳不能塑造粗壮的、隆起的肌肉，但能够提高许多肌肉的力量和协调性，特别是躯干、肩带和上肢的肌肉，因为在水中游泳需要克服较大的阻力，游泳又是周期性的运动，长期锻炼能够使肌肉的力量、耐力和关节的灵活性都得到提高。

游泳还有一个很大的好处，即改善身体的柔韧性，这使得人们由于年龄限制而不能从事其他体育活动时，仍然能够继续游泳。由于游泳时身体活动的范围较大，定期进行游泳活动的人都会变得更加灵活和柔软。而且，正确的游泳技术要求肌肉在收缩用力前先伸长，这种运动方式有利于不断地提高柔韧性和力量。

4. 塑造健美的体型

游泳运动，由于肌肉工作方式的影响，游泳运动员一般有修长的身材，宽宽的肩膀，灵活的腰肢，匀称的体型。

5. 改善体温调节

由于水的温度一般低于气温，水的导热能力又比空气强数十倍，因此，人在水中失散的热量远远快于在空气中。经常游泳能改善体温调节能力，从而更能够承受外界温度的变化，特别是冬泳，这方面的改善作用尤其明显。

6. 预防疾病

长期进行游泳锻炼能增强机体抵御寒冷，适应环境的能力，可以预防感冒等疾病，保持身体健康。由于游泳时身体平卧，加上浮力的作用，可以使脊柱充分伸展。游泳还可以作为运动处方，治疗一些慢性疾病，如慢性肠胃病或慢性支气管哮喘等。对于一些不适合直立锻炼的人群，如过度肥胖症患者等，如果采取跑步等方式，由于重力作用，腿脚部负担过重，容易受伤。这时，游泳是很好的替代锻炼方式。

7. 磨炼意志

学游泳的第一步就要克服怕水的心理，同时还要克服怕苦、怕累、怕冷的心理。随着不良心理的克服，人的自制能力会得到提高，自信、坚毅、勇敢的良好品质会得到培养，这些都会对个人意志品质的培养起到积极的作用。

二、游泳练习入门

1. 熟悉水性

人在水中行走受到的阻力是在陆地的800多倍，所以在水中面对完全不同于陆地的环境，初学者都需要有一个熟悉和适应的过程。第一次下水，需要习惯水下感觉。试着在水中行走，逐步放松，消除紧张，适应水下的环境，克服怕水的心理。

（1）在进行水上练习时，如果身体浮力较差，或者胆小者，可以带上泡沫做的腰漂，以便增加浮力，同时也给初学者增加安全感。

（2）采取水中行走的方式。这是初学者下水后的第一个练习，目的是体会水的阻力、压力和浮力，并初步学会在水中维持身体平衡的方法。

1）两手扶住池（岸）边或同伴的手，在水中行走。

2）一手扶住池（岸）边或同伴的手，一手在体前侧做向外、向后划水，同时在水中行走。

3）不借助任何支撑物，两臂在胸前左向外、向后的对称划水，双脚在水中做向前、向侧、向后的行走。

2. 学会呼吸

不会呼吸的游泳不能叫做游泳，只能是“憋气”。学会呼吸是学习游泳的前提条件。游泳时的正确呼吸方法是在水中用嘴呼气，将气吐尽，然后再将头抬出水面用嘴和鼻子同时吸气。平常可以多进行陆地呼吸训练。

站在齐肩深的水里，两手抓住池（岸）边（见图 4—1）；或者抓住同伴的手（见图 4—2），用嘴深吸一口气，然后把头埋入水中，慢慢地用鼻呼气，直至将体内的废气呼尽，迅速抬头用嘴吸气。

熟练以上技术，能做到连续、连贯、自然地完成多个呼气、吸气的技术，并且要求自己独立完成慢呼快吸的技术（见图 4—3）。

图 4—1　双手抓住池边

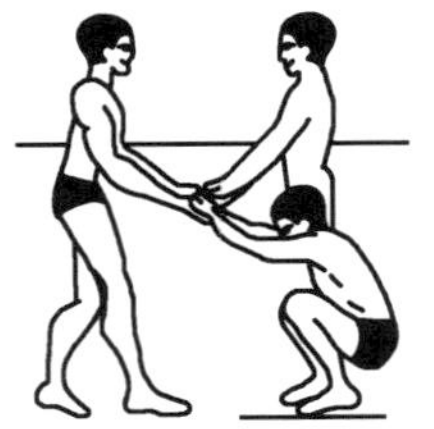

图 4—2　抓住同伴的手

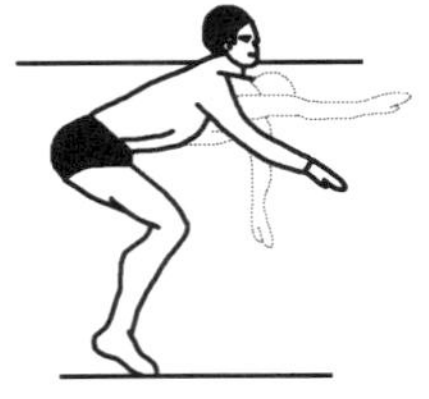

图 4—3　连续动作

3. 学会漂浮

感受水中的浮力，掌握身体平衡。进一步感受水中的浮力，掌握身体平衡。主要有抱膝浮体、展体漂浮和滑行漂浮。

（1）抱膝漂浮练习。两脚站立水底，深吸气后，下蹲低头抱膝，两膝尽量靠近胸部，前脚掌蹬离水底，成低头抱膝团身姿势，身体要尽量放松，自然地漂浮于水中（见图 4—4）。站立时，两臂前伸，向下压水并抬头，同时两腿伸直，以脚触水底站立，两臂自然放于体侧。

图 4—4　抱膝漂浮练习

（2）展体漂浮练习。两脚开立，两臂放松向前伸直，深吸气后身体前倒并低头，两脚轻轻蹬离水底，成俯卧姿势漂浮于水面，两臂、两腿自然分开，要求全身放松，身体充分展开（见图 4—5）。

站立时，收腹、收腿，两臂向下压水，然后抬头，两腿伸直，脚触水底站立。

（3）滑行漂浮练习。包括蹬边滑行漂浮练习和蹬底滑行漂浮练习两类。

1）蹬边滑行漂浮练习。背向池（岸）边，一手扶住池（岸）边缘，一臂前伸，同时，

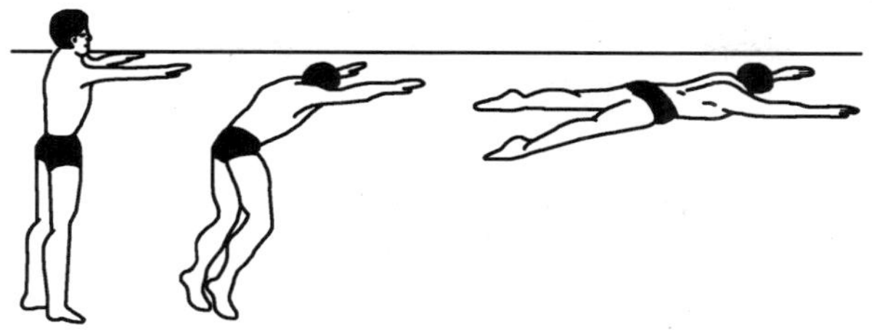

图 4—5 展体漂浮练习

一脚站立，一脚贴近池（岸）边。深吸气后低头，上体在水中前倾成俯卧姿势，大小腿尽量收紧，臀部靠近池（岸）边，两脚掌贴住池（岸）边。与此同时，扶池（岸）边的手臂向前摆出与前臂并拢，头夹于两臂之间，这时两脚用力蹬出，成流线型向前滑行（见图 4—6）。要求：蹬离池（岸）边后，身体要充分伸展，并尽量放松、自然。

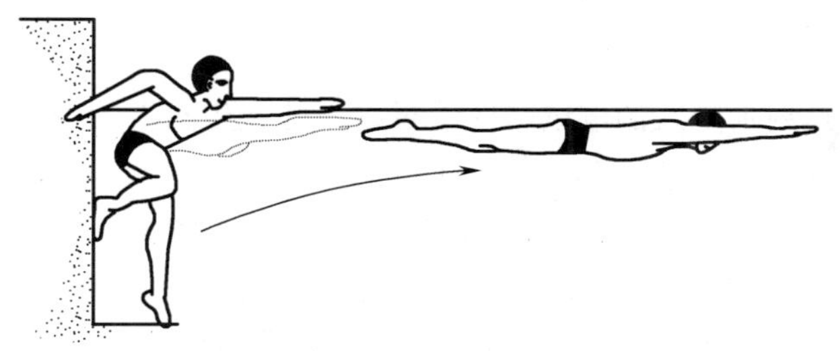

图 4—6 蹬边滑行漂浮练习

2）蹬底滑行漂浮练习。两脚前后开立，两臂前上举。吸气后上体前倒，当头、肩浸入水中时，前脚掌用力蹬池底，随后两脚并拢，使身体成流线型向前滑行（见图 4—7）。

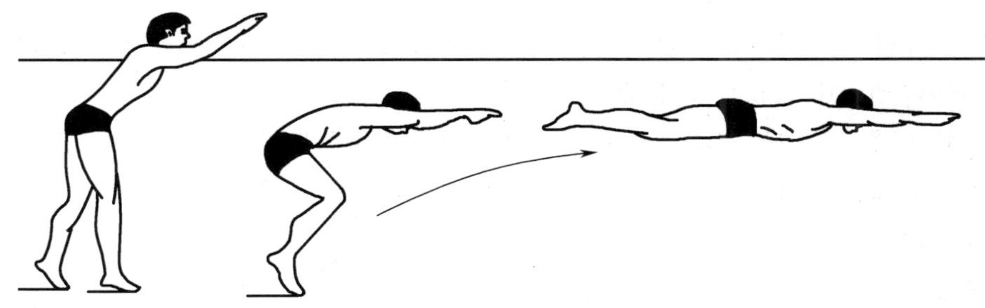

图 4—7 蹬底滑行漂浮练习

4. 学会踩水

踩水是最基本也是最实用的初级游泳动作练习。在开始学习游泳动作姿势之前，需要先学会踩水。踩水是最简单的休息和溺水自救方法，可以迅速让身体得到休息，有益于控制呼吸。踩水时，要尽量身体放松，才能省力得到休息。

三、蛙泳学习

蛙泳的好处就是比其他泳姿都省力，而且好学。总结其口诀为：“划手腿不动，收手再收腿，先伸手臂再蹬腿，并拢伸直漂一会儿。”

1. 蛙泳的手臂技术

（1）开始姿势。两臂保持一定的紧张度自然向前伸直，与水面平行，身体成一直线。

（2）抓水。手臂先前伸，肩关节略内旋，两手掌心略转向斜下方，稍勾手腕，两手分开向斜下方压水。

（3）划水。两臂分成40～45度角，手腕开始弯曲，这时两臂两手做向侧、下、后方屈臂划水。在划水中，前臂和上臂屈的角度是不断变化的，一般优秀运动员在划水的主要阶段关节都屈成接近90度角，因为这个角度能发出最大的力量，同时能很好地利用胸背部的大肌肉群。

（4）收手。收手是划水阶段的继续，收手过程也能产生较大的前进作用力和上升力。将手臂做向里、向上收到头前下方，这时臂与肘几乎同时做动作，收手时不应降低划水的速度，而应以更快的速度来完成。收手时，不应强调两肘向里夹的动作，这会削弱划水力量，同时也应避免划水路线过宽。收手动作应有利于做快速向前伸手动作，而又不影响臂腿动作的协调配合。当手收至头前下方时，两手掌心是由向后转向内、向上的姿势，这时大臂不应超过两肩延长线为宜。在整个收手动作过程中，手的动作应积极地、快速地、圆滑地来完成，收手结束时，肘关节低于手，大小臂成锐角。

（5）伸臂。从动作中可以看出，伸臂动作是由伸直肘关节、肩关节来完成的。掌心由朝上逐渐转向下力，同时向前伸出。快速伸臂动作是现代蛙泳技术的特点之一，它紧密配合腿的动作，因此在伸臂的同时，肩要向前。不少运动员头几乎同时向前有“压”的动作，但必须注意向前伸臂动作中不能有停顿现象。

总之。整个臂部动作的移动路线，无论是俯视或仰视都是椭圆形的。侧视则为由浅到深的，再由下向上向前伸出，并且是一个连贯、有力、快速的完整过程。

蛙泳配合动作详细图解如图4—8所示。

2. 蛙泳腿部技术

蛙泳的腿部动作是推动身体前进的主要动力之一。它的主要动作环节可分为收腿、翻脚、蹬夹水和滑行四个阶段，这四个环节是紧密相连的完整动作。

（1）收腿。收腿是为了翻脚、蹬水创造有利的位置，同时既要减少阻力，又要考虑到手腿配合的需要。开始收腿时，两腿随着吸气的动作，自然放下，同时两膝自然逐渐分开，小腿向前回收，回收时两脚放松，脚跟向臀部靠拢，边收边分。收腿时力量要小，两脚和小腿回收时要收在大腿的投影截面内，以减少回收时的阻力。

收腿结束后，大腿与躯干约成120～140度角，两膝内侧的宽度与髋关节大致相同。大

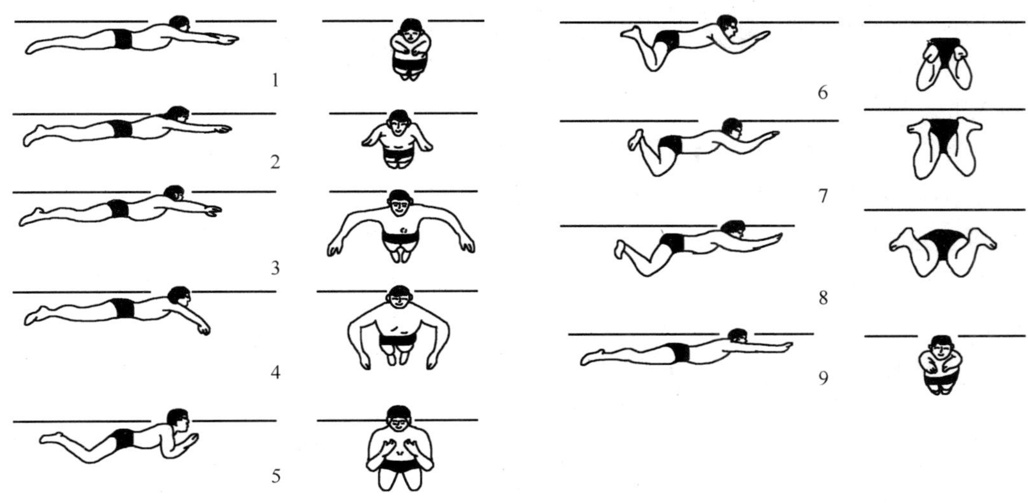

图 4—8　蛙泳技术分解图

腿与小腿之间约成 40～45 度角，并使小腿尽量成垂直姿势，这样能为翻脚、蹬水做好有利的准备。

（2）翻脚。在蛙泳技术中，翻脚动作很重要，它直接影响到蹬水的效果。收腿即将结束时，脚仍向臀部靠近，这时膝关节向内扣，同时两脚向外侧翻开，使脚和小腿内侧对好蹬水方向，这样能使对水面加大，并为大腿发挥更大力量做好准备。

收腿与翻脚、蹬水是一个连续的完整动作过程。正确的翻脚动作，是在收腿未结束前就已开始，在蹬水开始时完成。如果翻脚后，腿稍有停滞，则会破坏动作的连贯性并增大阻力。

（3）蹬夹水。蛙泳腿部动作效果的好坏，完全取决于蹬夹水技术的正确与否。蹬水应由大腿发力，先伸髋关节，这样使小腿尽量保持垂直对水的有利部位，向后做蹬夹水的动作，其次是伸膝关节和踝关节。

蹬夹水的动作是一个连续的完整动作，只是蹬水在先，夹水在后。实际上在翻脚的动作中，两膝向内，两脚向外已经为蹬夹水固定住唯一的方向。

知识链接——蛙泳的动作要领

（1）蹬腿动作要到位，如果不到位，就很难向前进，脚背一定要勾起来，勿把脚绷直了，不然蹬不到水，自然就不能向前进了。

（2）手和腿的配合，这也是非常重要的，蹬腿时双手从胸前向正前方向伸直，这时切勿用手划水，当用手向后划时，头在水面上吸气，并且收腿，依此类推。

蹬夹水效果的好坏不但取决于腿部关节移动的路线和方向，以及蹬夹水时对水面积的大小，最主要的是取决于两腿蹬夹水的速度和力量的变化，蹬夹水的速度是从慢到快，力量是从小到大的。

(4) 滑行。蹬夹水结束后，脚处于水平面的最低点，这时身体随着蹬水的动力向前滑行，腰部下压，双脚接近水面，准备做下一个循环动作。

3. 呼吸方式

在练习蛙泳呼吸时，应围绕滑行时身体处在水中的相对位置这一关键，重点抓好以下几个方面：

(1) 掌握正确的呼吸方法。在进行蛙泳完整的配合练习前，必须熟练掌握正确的呼吸方法，才能在短暂的时间内完成吸气过程。其方法是：呼气要由小到大，逐渐加大呼气量（口鼻同时呼气），口部一露出水面，立刻用力把气吐完，并用口快而深地吸气，呼与吸之间无停顿。

(2) 调整身体在水中的位置。利用两次至多次腿部动作结合一次手臂动作、一次呼吸的配合练习。主要是利用两次甚至多次腿部动作来调整蹬夹水后身体在水中位置偏低的问题，使初学者尽快掌握呼吸方法，减轻其心理压力，而后再进行一次呼吸、一次手臂及一次腿部动作的正确配合练习。

(3) 闭气滑行、吐尽吸满。在进行完整呼吸配合练习时，要求初学者闭气滑行，滑下时开始吐气，并逐渐加大呼气量，口部一露出水面，立刻用力把气吐完，在不停顿的情况下，快而深地用口吸满气。练习中，不过多地强调用早吸气或是晚吸气的方法，而是强调“吐尽、吸满”。

4. 蛙泳配合技术

手臂滑下（抓水）的同时，开始逐渐抬头，这时腿保持自然放松、伸直的姿势。手臂划水时，头抬至眼睛出水面，腿还是不动。只有收手时才开始收腿，并稍向前挺髋，这时头抬至口出水面，并进行快速、有力的吸气。伸手臂的同时低头，用鼻或口鼻进行呼气，并且在手臂伸出将近二分之一时，进行蹬夹水的动作，之后，让身体伸展滑行一段距离，等速度降低后进行第二个周期的动作。

在蛙泳的游进过程中，一般都是一个周期一次呼吸，这样有利于机体的有氧供应，从而降低疲劳速度。需要注意：在抬头吸气前，必须要将体内的废气全部吐完，这样才能吸进新鲜氧气。

知识链接——游泳安全常识

- 下水时切勿太饿、太饱。饭后一小时才能下水，以免抽筋。
- 下水前试水温，若水太冷，就不要下水。

• 若在江、河、湖、海游泳，则必须有伴相陪，不可单独游泳。

• 下水前观察游泳处的环境，若有危险警告，则不能下水游泳。

• 不要在地理环境不清楚的峡谷游泳。这些地方的水深浅不一，而且水凉，水中可能有伤人的障碍物，很不安全。

• 跳水前一定要确保下水处水深至少有 3 米，并且水下没有杂草、岩石或其他障碍物。以脚先入水较为安全。

• 在海中游泳，要沿着海岸线平行方向而游，游泳技术不熟练或体力不充沛者，不要涉水至深处。在海岸做一标记，留意自己是否被冲出太远，及时调整方向，确保安全。

四、自由泳学习

自由泳俗称爬泳，是模仿人体爬行的一种游泳姿势，在各种比赛中速度最快。

1. 基本姿态

游自由泳时身体俯卧在水中几乎与水面平行，两腿上下交替鞭状打水，两臂轮流空中前移，肩前入水，经腹下向后划水，身体纵轴随着两臂划水自然转动，头同时侧转呼吸。一般是两臂各划水一次，两腿打水六次（或四次或两次），呼吸一次。（见图 4—9）

图 4—9　自由泳基本姿势

2. 练习方法

（1）陆上模仿练习。坐在池边，上体稍后仰，双手后撑，脚面伸直，足踝放松，做直腿的打水练作习，打水幅度约 30～40 公分。（见图 4—10）

（2）水中扶边打水练习。双手扶池边，将肩浸入水中，身体平直，髋关节伸展，练习时要求大腿带动小腿打水，向下打水时稍用力，向上则放松，可做快打和慢打的交替练习。（图 4—11）

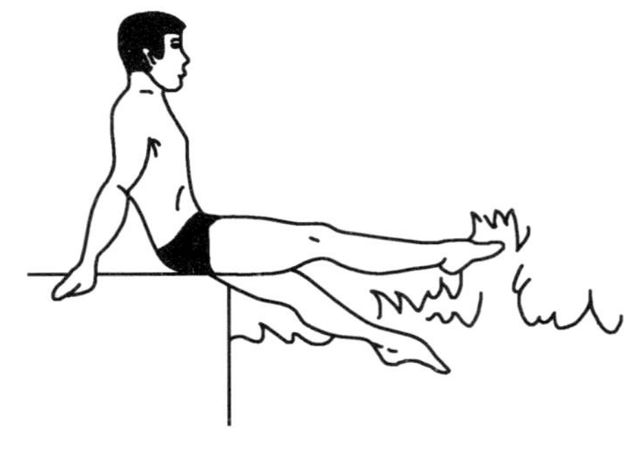
图 4—10　陆上模仿练习

图 4—11　水中扶边打水练习

（3）划臂练习。两腿前后立定或左右并立，上体前倾，肩部浸入水，划水时要用力，移臂时放松。开始时可先单臂练习，划水可分为：入水、抱水、划水、空中移臂四个阶段练习，然后缩短为两个阶段练习，即抱水划水、移臂入水。移臂时宜强调肘高于手，并由单臂逐渐过渡到双臂连贯练习，也可做臂和呼吸的配合练习。（见图 4—12）

图 4—12　划臂练习

（4）水中滑行打水练习。吸气后蹬边，缩小腹，身体尽量伸展，腰背保持适当张力，头夹于两臂之间成流线型，滑行后开始打水。（见图 4—13）

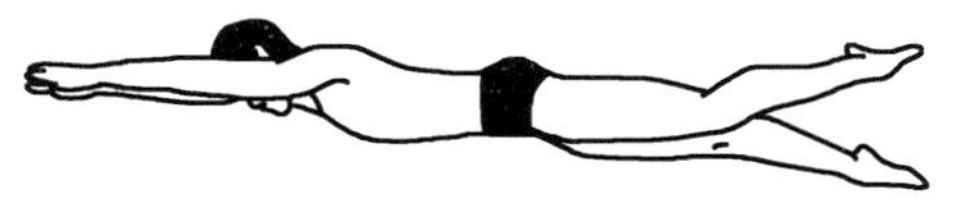

图 4—13　水中滑行打水练习

（5）单臂配合打水练习。蹬壁滑行后，在打水的基础上做单臂的划水练习，当一臂划水结束并完成臂前移入水的动作后，另一臂才开始做划水动作，熟悉后配合换气练习。（见图4—14）

图 4—14　单臂配合打水练习

3. 注意要点

（1）自由泳不像蛙泳那样复杂，但初学者往往过分紧张或侧向换气不易适应，造成游泳难以持久，因此，学习中宜强调动作的放松。

（2）两腿正确的鞭状打水是游好自由泳的基础，一开始，可先采用直腿打水，要求初学者髋关节充分伸展，膝关节伸直，足踝放松，在直腿打水的基础上，逐渐过渡到学会屈腿的鞭状打水。

（3）双臂是自由泳的主要动力来源，为了让初学者容易掌握划水的技巧，可先练习直臂划水，再过渡到屈臂划水。节奏上宜强调划水段用力，其他阶段放松。空中移臂时，以大臂带动小臂，并强调肘高于手。

（4）呼吸是自由泳的一个难点，因此，一开始初学者身体纵轴随着两臂划水自然转动时，头同时侧转呼吸，下颚尽量靠近肩膀。并应多加练习，以熟悉换气的技巧。另外，若手脚已能配合游动时，应注意换气时避免头向上抬，以免造成下肢下沉。

知识链接——自由泳练习口诀

- 身。身体平稳水中趴，双臂交叉轮流划，两腿鞭状上下打，慢呼快吸向前划。
- 臂。移臂放松肩前插，小臂手掌对准水，沿着中线把速加，两臂轮流交替划。
- 腿。大腿发力带小腿，两腿交替来打水。
- 换气。头在水中慢吐气，转头张嘴快吸气。

第三节　跳　　绳

跳绳是一种简单易学，花样繁多的体育运动。它不受季节、场地、人数、年龄、空间与时间的限制，是一项深受人们喜爱的民间运动项目。按照绳的长度，可分为跳短绳和跳长绳；按照参加人数，可分为单人跳、双人跳、多人跳；按照绳的数量，可分为跳单绳、双绳、多绳等。

一、跳短绳

跳短绳分单人跳、双人跳或多人跳等。

1. 原地单人正摇或者反摇跳

（1）双脚跳。绳子每摇一次，双脚同时跳过绳。（见图 4—15）

（2）单脚跳。绳子每摇一次，左脚或者右脚跳过绳，另一只脚提起不着地。（见图 4—16）

（3）双脚交换跳。绳子每摇一次，双脚依次交换跳过绳。（见图 4—17）

（4）高抬腿跳。绳子每摇一次，两腿依次高抬过绳，大腿与上体垂直。

（5）前、后踢腿跳。两脚依次跳过绳后向前或向后做踢腿动作。

（6）编花跳。两臂在体前交叉摇绳，身体从交叉的绳中连续跳过。（见图 4—18）

图 4—15　双脚跳

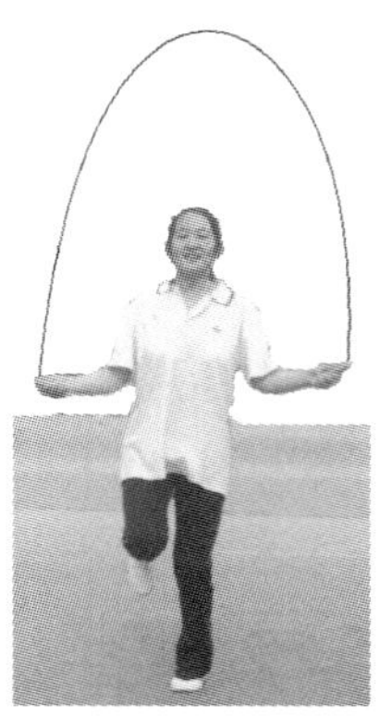
图 4—16　单脚跳

图 4—17　双脚交换跳

图 4—18　编花跳

（7）双摇跳。当绳摇至脚下触地的瞬间，双脚立即起跳，双手继续摇绳，待绳在脚下通过两次后，双脚同时落地。

2. 行进间单人跳

（1）单脚跳。跑动中绳子每摇一次，左脚或者右脚跳过绳；另一只脚提起，不着地。

（2）双脚交换跳。跑动中绳子每摇一次，双脚依次交换跳过绳。

（3）高抬腿跳。跑动中绳子每摇一次，两腿依次高抬过绳。

（4）后踢腿跳。跑动中两脚依次跳过绳后做踢腿动作。

（5）编花跳。跑动中两臂在体前交叉摇绳，身体从交叉的绳中连续跳过。

3. 双人跳、三人跳或者多人跳

（1）单摇跳带人。伙伴站在持绳者前面或者后面，可以面向站立，也可背向站立，当绳摇至脚下触及地面瞬间，双脚立即起跳。持绳者带人可以进行原地或者行进间的正摇跳，也可以反摇跳；伙伴可两人以上。（图见 4—19）

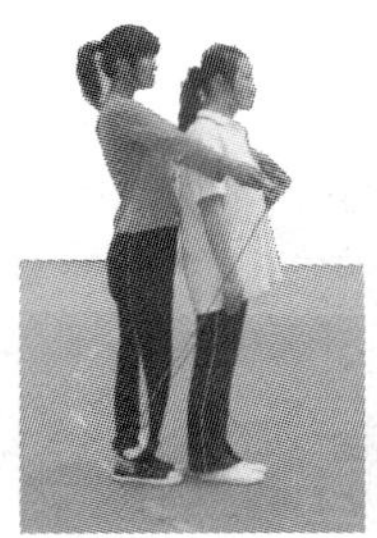
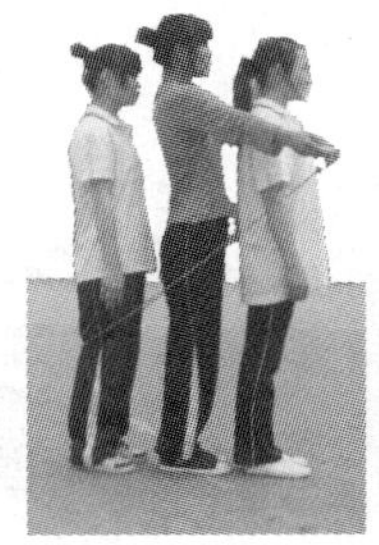
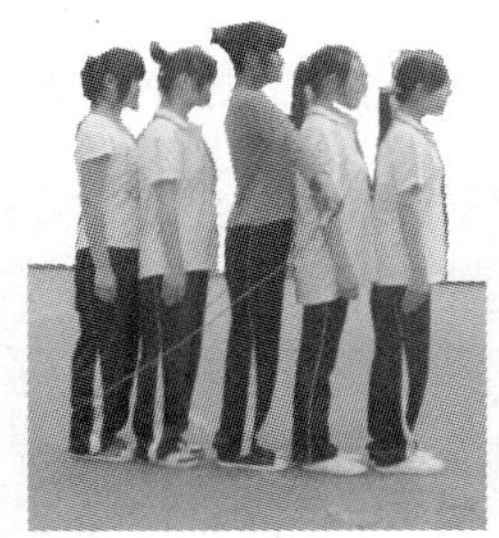

图 4—19　单摇跳带人

（2）单摇跳伙伴跑进。持绳者连续摇跳，伙伴可从不同角度跑进，与持绳者同跳；伙伴可两人以上。

（3）单摇跳伙伴绕着摇绳者跳。（见图 4—20）

（4）两人摇绳跳。两人并列分别用外侧手摇绳，当绳摇至脚下时，两人同时跳起过绳。两人可正摇跳、反摇跳；可以同向站立，也可异向站立。（见图 4—21）

（5）两人双绳跳。两人同向并排站立，分别用外侧手握跳绳的一端，其中一人再持一绳，两跟绳同时摇起，当绳摇至脚下时，两人同时跳起过绳。（见图 4—22）

图 4—20　单摇跳伙伴绕着摇绳者跳

图 4—21　两人摇绳跳

图 4—22　两人双绳跳

二、跳绳健身

1. 正（反）摇，绕“8”字跳

跳绳人面向从上（下）向下（上）摇的绳，按“8”字形路线围绕两个摇绳人连续跑进、跳下、跑出。当绳打地时，跳绳者从摇绳者一侧快步跑到两个摇绳者中间，当绳摇转到脚下时，跳起让绳通过。（见图 4—23）

2. 跳平行绳

两名摇绳者两手各持一绳端，两手同时同向摇绳。跳绳人同时跳过两绳，也可同时跳过多根绳。（见图 4—24）

图 4—23　正（反）摇

图 4—24　跳平行绳

3. 跳交叉绳

两名摇绳者两手各持一绳端，两臂以肩为圆心，从下向上、从外向里划圆；当一绳按顺时针方向摇到最高点时，另一跳绳按逆时针方向摇绳，这样一条绳摇至最高点，另一跳绳恰好摇至最低点，两绳一上一下各划大圆。跳绳人当近端的绳打地时，迅速跑进。

4. 跳十字绳

4 人摇两条绳，使两条绳交叉成“十”字，四人同时摇正绳。上边的跳绳要比下边的跳绳摇得高些，但两条绳要同时落地。为保证两条绳同时落地，摇速要慢，以一条绳为准，就能把握好节奏。跳绳人站在靠近跳绳摇转的区域准备上绳，当两绳的交叉点同时打地时，要迅速跑进。进绳后可连续跳，也可跳一次后向前跑出。（见图 4—25）

5. 跳绳网

把三根以上的跳绳交叉后，一齐摇转，好像一张网，摇绳者站在对称的位置上，把三根以上的绳同时摇起，交叉点同时起落。当绳网的交叉点打地时，跳绳人跑进、跳下、跑出；也可绕绕“8”字跳。（见图 4—26）

图 4—25　跳十字绳

图 4—26　跳绳网

第四节　太　极　拳

一、太极拳养生概述

1. 太极拳的养生保健作用

太极拳是我国宝贵的民族遗产，它姿势优美，动作柔和，男女老幼皆宜，并不受时间和季节的限制，既能锻炼身体，又能防治疾病，不仅我国人民喜练，而且受到世界各国人民的欢迎。

太极拳有众多的养生保健作用，所以，经常打太极拳对许多疾病有防治和康复作用，如：冠状动脉粥样硬化性心脏病、心绞痛、心肌梗死后恢复期、高血压、风湿性心脏病，以及肺源性心脏病、中度神经衰弱、各种类型的自主神经功能紊乱、胃肠神经症、老年性便秘、胃十二指肠溃疡并发症、慢性支气管炎、慢性非活动性肺结核等。此外，由于打太极拳可以补益肾精、强壮筋骨、抵御疾病，所以经常坚持这项运动，能防止早衰，延缓衰老，使人延年益寿。

2. 太极拳是养生益寿之宝

太极拳运动不仅能修身，而且能养性，确是战胜疾病，延年益寿之妙法，养生益寿之宝。

（1）要“练意”。“意”是整体锻炼的重点与主导，是太极拳练得好坏的标志。也就是说，太极拳是以虚带实的运动，虚带得好，实才能运动得好，虚就是意识，神经系统活动。虚实是指意识带动身体活动，而不是脱离意识的单纯机械活动，这种运动是整体运动，是由意识引导的整体运动，所以，意识活动占主导地位，这是太极拳的基本特点之一，意识锻炼得好，才能掌握太极拳的基本特点，才能取得太极拳的独特效果。

（2）要“练气”。以意领气，以气运身，就是说意与气的结合。没有配合呼吸锻炼的太极拳，不能算作完整的太极拳，因为不符合整体锻炼的要求。因此，太极拳也是气功锻炼，它是武术和气功的最佳结合。太极拳的呼吸运动，就是把这一本能活动在意识指引下变为能动活动，本能呼吸是胸式呼吸，呼吸比较短浅，能动呼吸是腹式呼吸，呼吸比较深长。故名曰“深呼吸”，就是使吸入之气，尽量向下沉，使腹部扩张，呼气时使腹部收缩。

（3）要“练身”。当然，一点力都不用是不可能的，只有肢体在静止状态中才不需用力，而太极拳的招式不少是有相当大的难度的，如踢脚、蹬脚、单腿下蹲和摆动，都需要一定力量，但是太极拳用力的范围很小，一要限制在下肢，二要限制在下肢的单腿上，这样的力是保持肢体平衡的力，是不破坏平衡的力，这样的气和力也就统一起来了。

练意、气、身三结合，先练肢体外部的结合，然后练通过手和眼达到意和身的结合，而后达到“以意领气，以气运身”的要求。

总之，打太极拳是一种用意不用力，以意行气，以气运身，动中求静，心静气沉，动作松柔圆转，使人体的各个器官和关节得到良好的轻松舒展，从而增加生理上的免疫功能的运动，练拳时要求中正安舒，上下相随，内外相合，修意练身，练起来心静神宁、无忧无虑，能使人养生修性，振奋精神，从而达到延年益寿的目的。

二、太极拳的风格特点

太极拳的特点，归纳起来有下列几点：

（1）轻松柔和：太极拳的招式比较平稳舒展，动作要求不僵不拘，没有忽起忽落的明显变化和激烈的跳跃动作。

（2）连贯均匀：整套太极拳的动作，从“起势”到“收势”不论动作的虚实变化和姿势的过渡转换，都是紧密衔接，连贯一气的，看不出明显停顿的地方。

（3）圆活自然：太极拳的动作要求上肢动作处带上弧形，避免直来直往，通过弧形活动锻炼，有利于动作的圆活自然，体现出柔和的特点。

（4）协调完整：太极拳运动中，不论是整个套路，还是单个动作姿势，都要求上下相随，内（意念、呼吸）外（躯干、四肢动作）一体，身体各部分之间要密切配合。打太极拳时，必须以腰为轴，手脚的许多动作都是由躯干来带动，并且互相呼应，不要上下脱节或此动彼不动，显得呆滞脱节和支离破碎。

三、简化太极拳

太极拳简易套路，是一种健身拳术。1956 年国家体委组织部分专家，在传统太极拳的基础上，按由简入繁、循序渐进、易学易记的原则，去其繁难和重复动作，选取了二十四式，编成《简化太极拳》。全套共四段，约 5 分钟左右可练完一套。《简化太极拳》共分八个组，包括“起势”和“收势”共二十四个姿势动作。

第一组：①起势　②左右野马分鬃　③白鹤亮翅

第二组：④左右搂膝拗步　⑤手挥琵琶　⑥左右倒卷肱

第三组：⑦左揽雀尾　⑧右揽雀尾

第四组：⑨单鞭　⑩云手　⑪单鞭

第五组：⑫高探马　⑬右蹬脚　⑭双峰贯耳　⑮转身左蹬脚

第六组：⑯左下势独立　⑰右下势独立

第七组：⑱左右穿梭　⑲海底针　⑳闪通臂

第八组：㉑转身搬拦捶　㉒如封似闭　㉓十字手　㉔收势

1. 起势

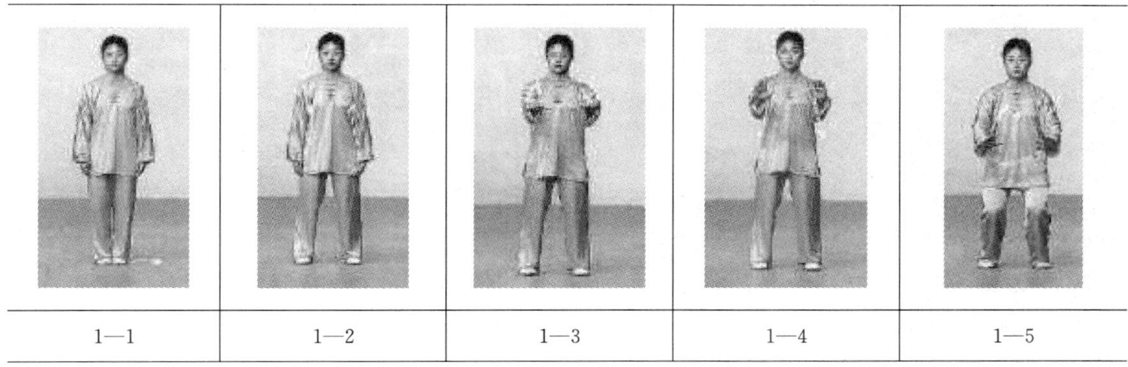

1—1　1—2　1—3　1—4　1—5

（1）身体自然直立，两臂自然下垂，左脚向左迈出一步，成开立步，与肩同宽，脚尖向前，两手放在大腿外侧，两眼平视前方，精神集中，呼吸调匀。

（2）两臂慢慢向前抬起与肩平，与肩同宽，掌心向下。

（3）上体保持正直，两腿屈膝下蹲，同时，两掌轻轻下按，两肘下垂与两膝相对；眼平看前方。

2. 左右野马分鬃

2—1　2—2　2—3　2—4　2—5

2—6 2—7 2—8 2—9 2—10

2—11 2—12 2—13 2—14 2—15

（1）上体微向右转，身体重心移至右腿上；同时，右臂收在胸前平屈，手心向下，左手经体前向右下划弧放在右手下，手心向上，两手心相对成抱球形；左脚随即收到右脚内侧，脚尖点地；眼看右手。

（2）上体微向左转，左脚向左前方迈步，右腿跟后蹬，右腿自然伸直，成左弓步；同时上体继续向左转，左右手随转体慢慢分别向左上右下分开，左手高与眼平（手心斜向上），肘微屈，右手落在右胯旁，肘微屈，手心向下，指尖向前，眼看左手。

（3）上体慢慢后坐，身体重心移至右腿，在脚尖翘起，微向外撇（约 45～60 度），随后脚掌慢慢踏实，左腿慢慢前弓，身体左转，身体重心再移至左腿；同时，左手翻转向下，左臂收在胸前平屈，右手向左上划弧放在左手下，两手心相对成抱球状；右脚随即收到左脚内侧，脚尖点地；眼看左手。

（4）继续作向右转身动作，右腿向右前方迈出，左腿自然伸直，左右弓步；同时上体右转，左右手随转体分别慢慢向左下右上分开，右手高与眼平（手心斜向上）肘微屈；左手落在左胯旁，肘也微屈；手心向下，指尖向前；眼看右手。

要点：上体不可前俯后仰，胸部必须宽松舒展。两臂分开时要保持弧形。身体转动时要以腰为轴。做弓步时，迈出的脚先是脚跟着地；野马分鬃式的弓步，前后脚的脚跟要分在中轴线两侧，它们之间的横向距离应保持在 10～30 厘米左右。

3. 白鹤亮翅

3—1　3—2　3—3

（1）上体微向左转，左手翻掌向下，左臂平屈胸前，右手向左下划弧至左手下，手心转向上，与左手成抱球状，眼看左手。

（2）右脚跟进半步，上体后坐，身体重心移至右腿，上体先向右转，面向右前方眼看右手，然后左脚稍向前移，左脚变虚步，脚尖点地，同时，上体再微向左转，面向前方，两手随转体慢慢向右上左下分开，右手上提停于右额前，手心向左后方，左手落于左胯前，手心向下，指尖向前，两眼平视前方。

要点：完成姿势时胸部不要挺出，两臂上下都要保持半圆形，左膝要微屈。身体重心后移和右手上提、左手下按要协调一致。

4. 左右搂膝拗步

4—1　4—2　4—3　4—4　4—5

4—6　4—7　4—8　4—9　4—10

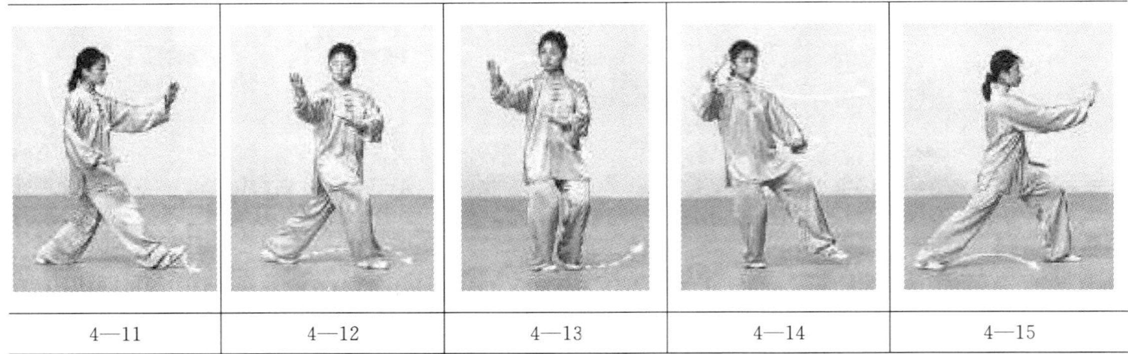

4—11	4—12	4—13	4—14	4—15

（1）右手从体前下落，由下向后上方划弧至右肩外，手与耳同高，手心斜向上，左手由左下向上，向右划弧至右胸前，手心斜向下；同时，上体先微向左再向右转；左脚收至右脚内侧，脚尖点地，眼看右手。

（2）上体左转，左脚向前（偏左），迈出成左弓步，同时，右手屈回由耳侧向前推出，高与鼻尖平，左手向下由左膝前搂过落于左胯旁，指尖向前；眼看右手手指。

（3）右腿慢慢屈膝，上身慢慢后坐，身体重心移至右腿上，左脚尖翘起微向外撇，随后脚掌慢慢踏实，左腿前弓，身体左转，身体重心移至左腿，右脚收到左脚内侧，脚尖点地；同时，左手向外翻掌由左后向上划弧至右肩外侧，肘微屈，手与耳同高，手心斜向上；右手随转体向上，向左下划弧落于左胸前，手心斜向下，眼看左手。

要点：前手推出时，身体不可前俯后仰，要松腰松胯。推掌时要沉肩垂肘、坐腕舒掌，同时须与松腰、弓腿上下协调一致：搂膝拗步成弓步时，两脚跟的横向距离保持约 30 厘米左右。

5. 手挥琵琶

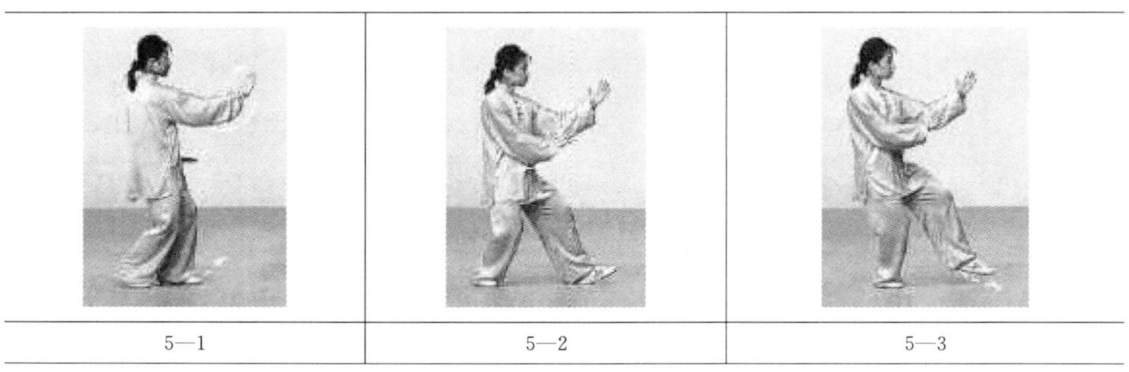

5—1	5—2	5—3

右脚跟进半步，上体后坐，身体重心转至右腿上，上体半面向右转，左脚略提起稍向前移，变成左虚步，脚跟着地，脚尖翘起，膝部微屈；同时，左手由左下向上挑举，高与鼻尖平，掌心向右，臂微屈；右手收回放入在左臂肘部里侧，掌心向左，眼看左手食指。

要点：身体要平稳自然，沉肩垂肘，胸部放松。左手上起时不要直向上挑，要由左向上、向前，微带弧形。右脚跟进时，脚掌先着地，再全脚踏实。身体重心后移和左手上起、右手回收要协调一致。

6. 左右倒卷肱

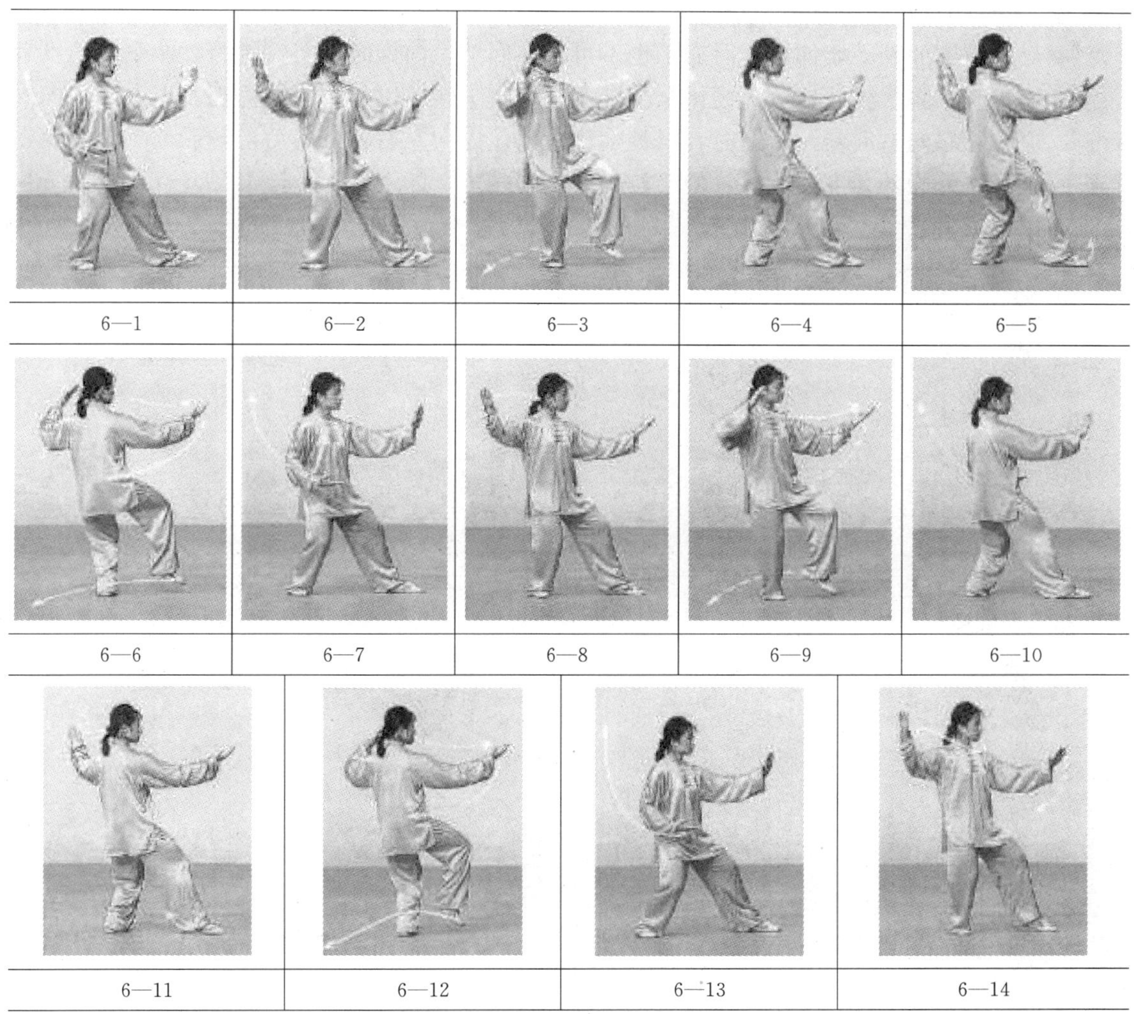

6—1 6—2 6—3 6—4 6—5
6—6 6—7 6—8 6—9 6—10
6—11 6—12 6—13 6—14

（1）上体右转，右手翻掌（掌心向上）经腹前由下向后上方划弧平举，臂微屈，左手随即翻掌向上；眼的视线随着向右转体先向右看，再转向前方看左手。

（2）右臂屈肘折向前，右手由耳侧向前推出。手心向前，右臂屈肘后撤，手心向上，撤至左肋外侧，同时，左腿轻轻提起向后（偏左）退一步，脚掌先着地，然后全脚慢慢踏实，身体重心移到左腿上成右虚步，左脚随转体以脚掌为轴扭正；眼看右手。

（3）上体微向左转，同时，左手随转体向后上方划弧平举，手心向上，右手随即翻掌，掌心向上；眼随转体先向左看，再转向前方看右手。

（4）与（2）相同，只是左右相反；

（5）与（3）相同，只是左右相反；

（6）与（2）相同；

（7）与（3）相同，只是左右相反；

（8）与（2）相同，只是左右相反。

要点：前推的手不要伸直，后撤手也不可直向回抽，前推时，要转腰胯，两手的速度要一致，退步时，脚掌先着地，再慢慢全脚踏实。前脚随转体以脚掌为轴扭正。退左脚略向左后斜，退右脚略向右后斜，后退时，眼神随转体动作先向左右看，然后再转看前手。最后退右脚时，脚尖外撇的角度略大些，便于接做“左揽雀尾”的动作。

7. 左揽雀尾

7—1　7—2　7—3　7—4

7—5　7—6　7—7　7—8

7—9　7—10　7—11　7—12

(1) 上体微向右转，同时右手随转体向后上方划弧平举，手心向上，左手放松，手心向下；眼看左手。

(2) 身体继续向右转，左手自然下落，逐渐翻掌经腹前划弧至右肋前，手心向上；右臂屈肘，手心转向下，收至右胸前，两手相对呈抱球状；同时，身体重心落在右腿上，左脚收到右脚内侧，脚尖点地，眼看右手。

(3) 上体微向左转，左脚向左前方迈出，上体继续向左转，右腿自然蹬直，左腿屈膝，成左弓步；同时，左臂向左前方推出（即左臂平屈成弓形，用前臂外侧和手背向前方推出），高与肩平，手心向后；右手向右下落放于右胯旁，手心向下，指尖向前，眼看左前臂。

重点：推出时，两臂前后均保持弧形。分手、松腰、弓腿三者必须协调一致。揽雀尾弓步时，两脚跟横向距离不超过 10 厘米。

(4) 身体微向左转，左手随即前伸翻掌向下；右手翻掌向上，经腹前向上，向前伸至左前臂下方；然后两手下捋，即上体向右转，两手经腹前向右后上方划弧，直至右手手心向上，高与肩平，左臂平屈于胸前，手心向后；同时，身体重心移至右腿，眼看右手。

要点：下捋时，上体不可前倾，臀部不要凸出。两臂下捋须随腰旋转，仍走弧线。左脚全掌着地。

(5) 上体微向左转，右臂屈肘折出，右手附于左手腕里侧（相距约 5 厘米），上体继续向左转，双手同时向前慢慢挤出，左手心向后，右手心向前，左前臂要保持半圆；同时，身体重心逐渐前移变成左弓步，眼看左手腕部。

要点：向前挤时，上体要正直，挤的动作要与松腰，弓腿相一致。

(6) 左手翻掌，手心向下，右手经左腕上方向前，向右伸出，高与左手齐，手心向下，两手左右分开，宽与肩同；然后右腿屈膝，上体慢慢后坐，身体重心移至右腿上，左脚尖翘起，同时，两手屈肘回收至腹前，手心均向前下方，眼向前平看。

(7) 上式不停，身体重心慢慢前移，同时两手向前、向上伸出，掌心向前，左腿前弓成左弓步，眼平看前方。

要点：向前接时，两手须走曲线，手腕部高与肩平，两肘微屈。

8. 右揽雀尾

8—1	8—2	8—3	8—4	8—5

8—6	8—7	8—8	8—9	8—10
8—11	8—12	8—13	8—14	8—15

(1) 上体后坐并向右转，身体重心移至右腿，左脚尖里扣；右手向右平行划弧至右侧，然后，由右下经腹前左上划弧至左肋前，手心向上；左臂平屈胸前，左手掌向下与右手成抱球状，同时，身体重心再移至左腿上，右脚收至左脚内侧，脚尖着地；眼看左手。

(2) 同“左揽雀尾”(3) 相同，只是左右相反。

(3) 同“左揽雀尾”(4) 相同，只是左右相反。

(4) 同“左揽雀尾”(5) 相同，只是左右相反。

(5) 同“左揽雀尾”(6) 相同，只是左右相反。

要点：均与“左揽雀尾”相同，只是左右相反。

9. 单鞭

9—1	9—2	9—3

9—4	9—5	9—6

（1）上体后坐，身体重心逐渐移至左腿上，右脚尖里扣，同时上体左转，两手（左高右低）向左弧形运转，直至左臂平举，伸于身体左侧，手心向左，右手经腹前运至左肋前，手心向后上方，眼看左手。

（2）身体重心再逐渐移至右腿上，上体左转，左脚向右脚靠拢，脚尖点地；同时，右手向右上方划弧（手心由里转向外），至右侧方时变钩手，臂与肩平，左手向下经腹前向右上划弧停于右肩前，手心向里，眼看左手。

（3）上体微向左转，左脚向左前侧方迈出，右脚跟后蹬，成左弓步；在身体重心移向左腿的同时，左掌随上体的继续左转慢慢翻转向前推出，手心向前，手指与眼齐平，臂微屈，眼看左手。

要点：上体保持正直，松腰。全部过渡动作，上下要协调一致。如面向南起势，单鞭的方向（左脚尖）应向东偏北（大约为15度）。

10. 云手

10—1	10—2	10—3	10—4	10—5
10—6	10—7	10—8	10—9	10—10

10—11	10—12	10—13	10—14	10—15

（1）身体重心移至右腿上，身体渐向右转，左脚尖里扣；左手经腹前向右上划弧至右肩前，手心斜向后，同时右手变掌，手心向右前，眼看左手。

（2）上体慢慢左转，身体重心随之逐渐左移；左手由脸前向左侧运转，手心渐渐转向左方；右手由右下经腹前向左上划弧，至左肩前，手心斜向后；同时，右脚靠近左脚，成小开立步（两脚距离约 10～20 厘米），眼看右手。

（3）上体再向右转，同时，左手经腹前向右上划弧至右肩前，手心斜向后，右手向右侧运转，手心翻转向右；随之左腿向左横跨一步，眼看左手。

要点：身体运转要以腰脊为轴，松腰，松胯，不可忽高忽低。

11. 单鞭

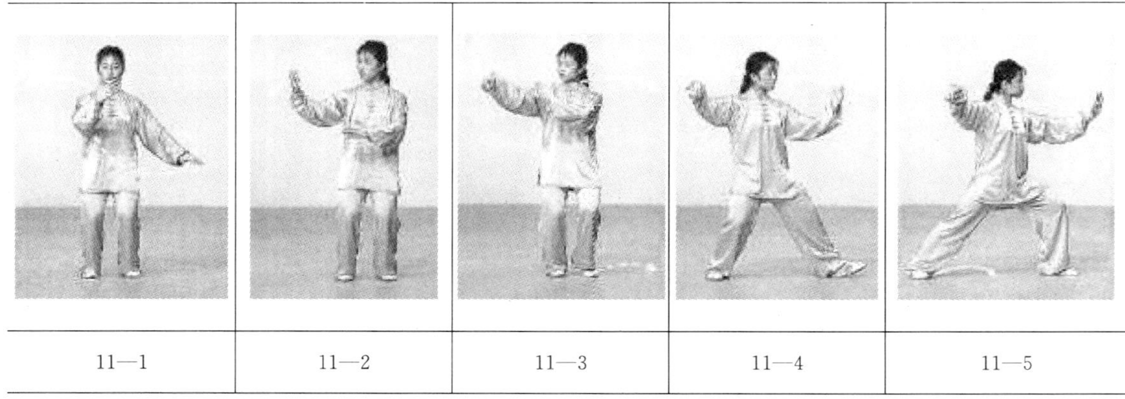

11—1	11—2	11—3	11—4	11—5

（1）上体向右转，右手随之向右运转，至右侧方进变成钩手；左手经腹前向右上划弧至右肩前，手心向内，身体重心落在右腿上，左脚尖点地，眼看左手。

（2）上体微向左转，左脚向左前侧方迈出，右脚跟后蹬，成左弓步；在身体重心移向左腿的同时，上体继续左转，左掌慢慢翻转向前推出，成“单鞭”式。

要点：与前“单鞭”式相同。

12. 高探马

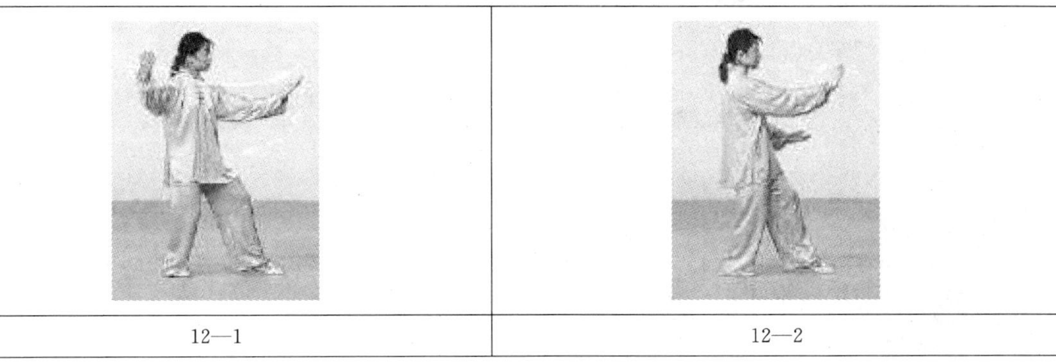

12—1　　12—2

（1）右脚跟进半步，身体重心逐渐后移至右腿上：右钩手变成掌，两手心翻转向上，两肘微屈；同时，身体微向右转，左转脚跟渐离地，眼看左前方。

（2）上体微向左转，面向前方；右掌经右耳旁向前推出，手心向前，手指与眼同高；左手收至左侧腰前，手心向上；同时，左脚微向前移，脚尖点地，成左虚步，眼看右手。

要点：上体自然正直，双肩要下沉，右肘微下垂，跟步移换重心时，身体不要有起伏。

13. 右蹬脚

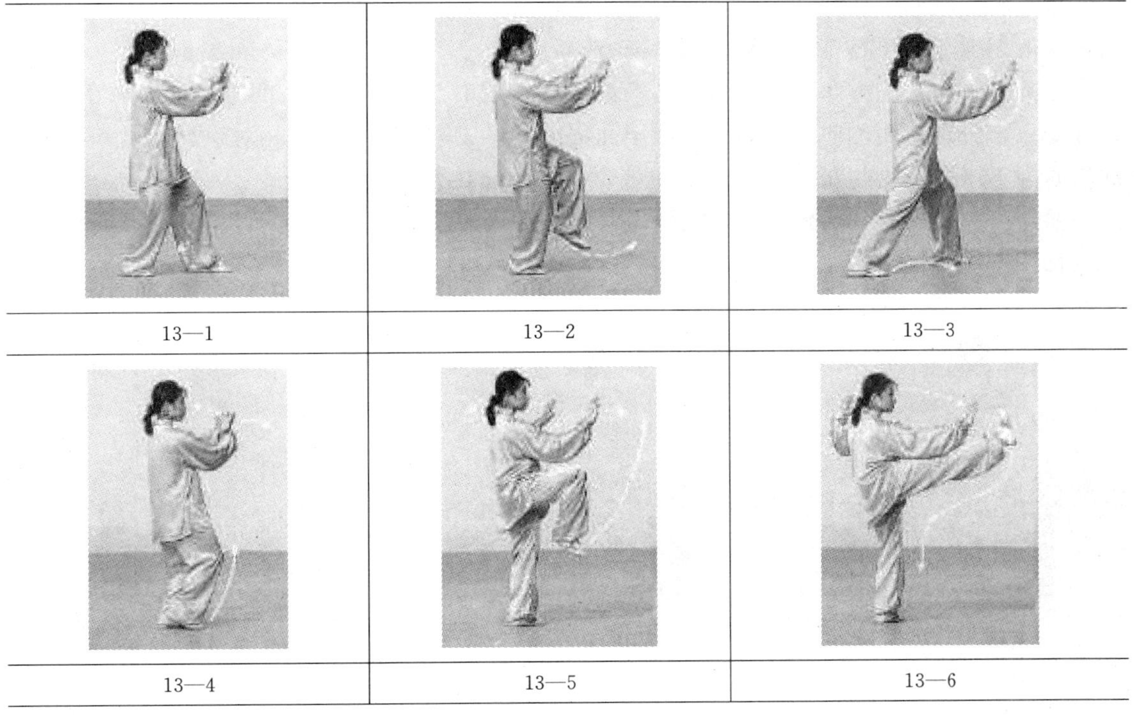

13—1　　13—2　　13—3

13—4　　13—5　　13—6

（1）左手心向上，前伸至右手腕背面，两手相互交叉，随即向两侧分开并向下划弧，手心斜向下；同时，左脚提起向左前侧方进步（脚尖略外撇），身体重心前移，右腿自然蹬直，成左弓步；眼看前方。

（2）两手由外圈向里圈划弧，两手交叉合抱于胸前，右手在外，手心均向后；同时，右脚向左脚靠拢，脚尖点地，眼平看右前方。

（3）两臂左右划弧分开平举肘部微屈，手心均向外；同时，右腿屈膝提起，右脚向右前方慢慢蹬出；眼看右手。

要点：身体要稳定，不可前俯后仰。

14. 双峰贯耳

14—1　14—2　14—3　14—4

（1）右腿收回，屈膝平举，左手由后向上，向前上落至体前，两手心均翻转向上，两手同时向下划弧分落于右膝盖两侧；眼看前方。

（2）右脚向右前方落下，身体重心渐渐前移，成右弓步，面向右前方；同时两手下落，慢慢变拳，分别从两侧向上、向前划弧至面部前方，成钳形状，两拳相对，高与目齐，拳眼都斜向内下（两拳中间距离约 10～20 厘米）；眼看右拳。

要点：完成式时，头颈正直，松腰松胯，两拳松握，沉肩垂肘，两臂均保持弧形。

15. 转身左蹬脚

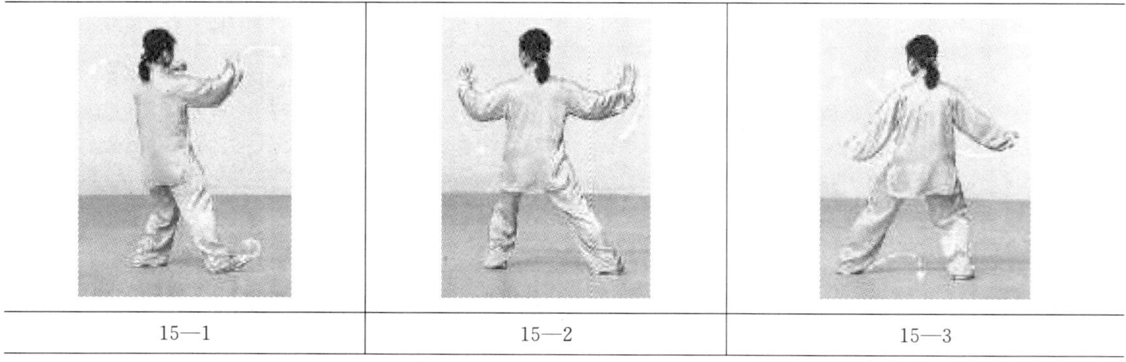

15—1　15—2　15—3

15—4	15—4	15—6

（1）左腿屈膝后坐，身体重心移至左腿，上体左转，右脚尖里扣；同时，两拳变掌。由上向左右划弧分开平举，手心向前；眼看左手。

（2）身体重心再移至右腿，左脚收到右脚内侧，脚尖点地；同时，两手由外圈向里圈划弧后抱于胸前，右手在外，手心均向后；眼平看左方。

（3）两臂左右划弧分开平举，肘部微屈，手心均向外；同时，左腿屈膝提起，左脚向左前方慢慢蹬出；眼看左手。

要点：与右蹬脚式相同，只是左右相反。

16. 左下势独立

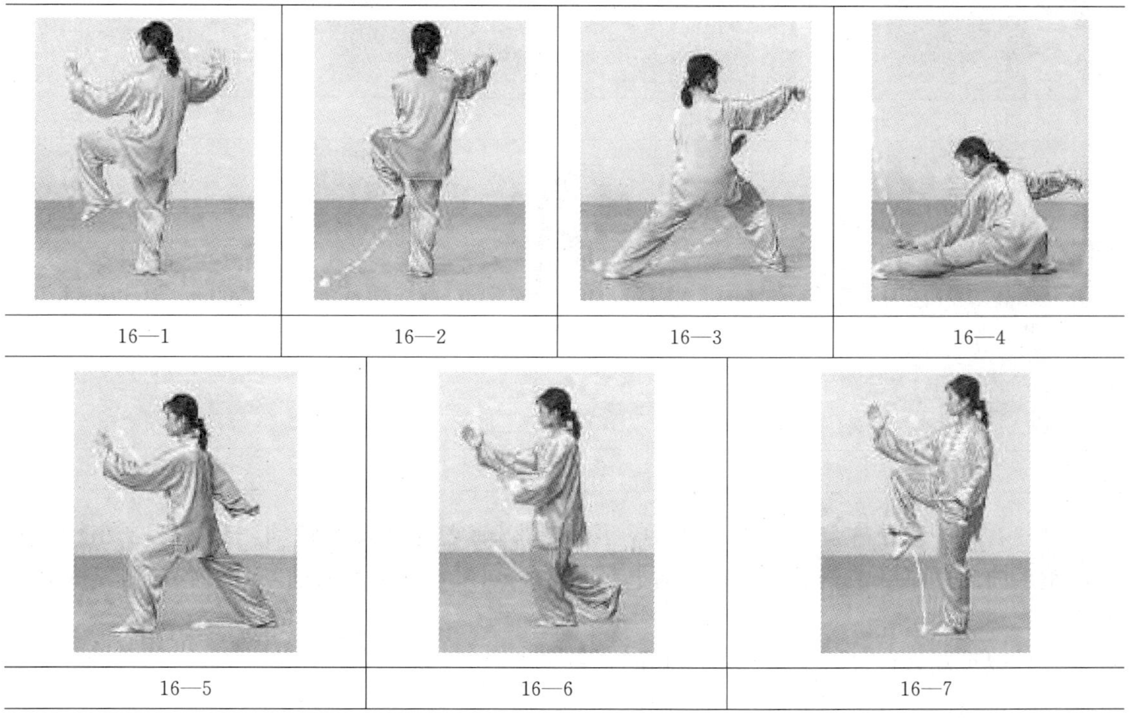

16—1	16—2	16—3	16—4

16—5	16—6	16—7

（1）左腿收回平屈，上体右转；右掌变成钩手，左掌向上、向右划弧下落，立于肩前，

掌心斜向后；眼看右手。

（2）右腿慢屈漆下蹲，左腿由内向左侧（偏后）伸出，成左仆步；左手下落（掌心向外），向左下顺左腿内侧向前穿出；眼看左手。

要点：右腿全蹲时，上体不可过于前倾。

（3）身体重心前移，左脚跟为轴，脚尖尽量向外撇，左腿前弓，右腿后蹬，右脚尖里扣，上体微向左转并向前转身；同时，右臂继续向前伸出（立掌），掌心向右，右钩手下落，钩尖向后，眼看左手。

（4）右腿慢慢提起平屈，成左独立式；同时，右钩手变成掌，并由后下方顺右腿外侧向前弧形摆出，屈臂立于右腿上方，肘与膝相对，手心向左；左手落于左胯旁，手心向下，指尖向前；眼看右手。

要点：上体要正直，独立的腿要弯曲，右腿提起时脚尖自然下垂。

17. 右下势独立

17—1　17—2　17—3　17—4

17—5　17—6　17—7

（1）右脚下落于左脚前，脚掌着地，然后左脚前掌为轴脚跟转动，身体随之左转；同时，左手向后平举变成钩手，右掌随着转体向左侧划弧，立于左肩前，掌心斜向后；眼看左手。

（2）以下动作同“左下势独立”相同，只是左右方向相反。

要点：右脚尖触地后必须稍微提起，然后再向下扑腿。

18. 左右穿梭

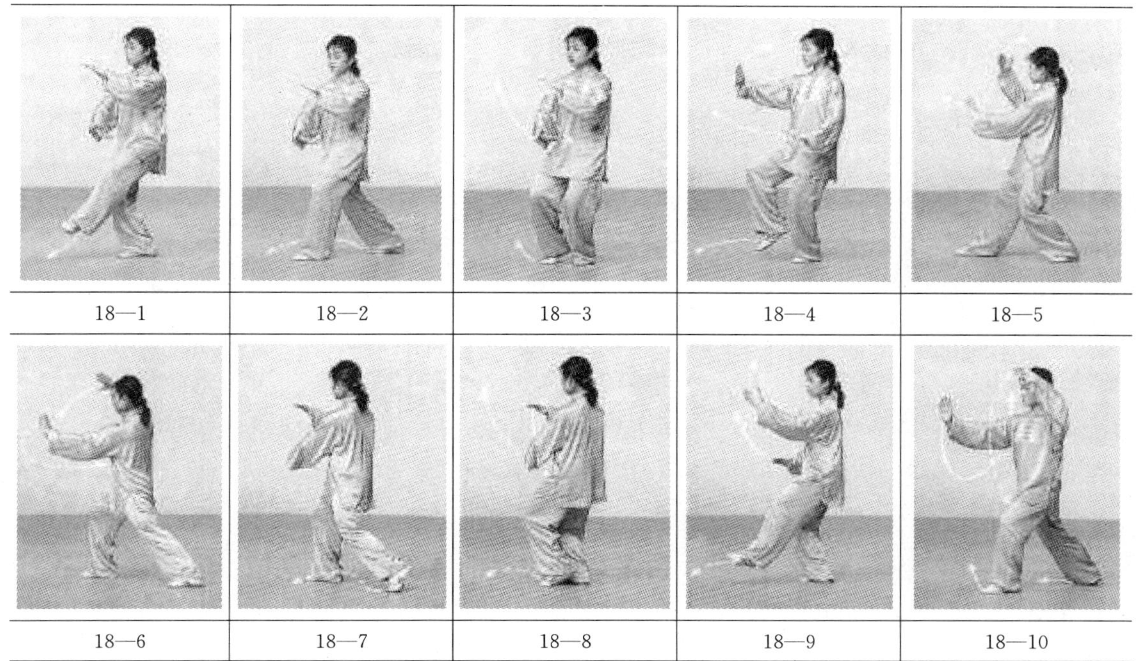

18—1　18—2　18—3　18—4　18—5

18—6　18—7　18—8　18—9　18—10

（1）身体微向左转，左脚向前落地，脚尖外撇，右脚跟离地，两脚屈膝成半坐盘式；同时，两手在左胸前成抱球状（左上右下）；然后右脚收到左脚的内侧，脚尖点地；眼看左前臂。

（2）身体右转，右脚向右前方迈出，屈膝弓腿，成右弓步；同时，右手由脸前向上举并翻掌停于右额前，手心斜向上；左手先向左下再经体前向前推出，高与鼻尖平，手心向前；眼看左手。

（3）身体重心略向后移，右脚尖稍向外撇，随即身体重心再移至右腿，左脚跟进，停于右脚内侧，脚实点地；同时，两手在右胸前成抱球状（右上左下）；眼看右前臂。

（4）同（2）相同，只是左右相反。

要点：完成姿势面向斜前方，手推出后，上体不可前俯。手向上举时，防止引肩上耸。

19. 海底针

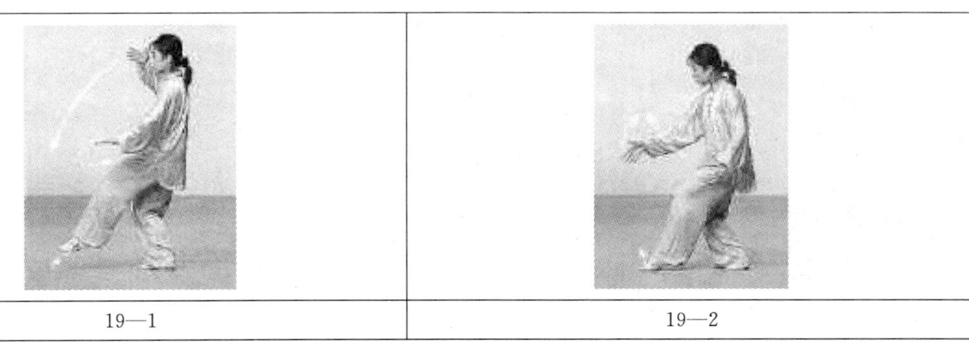

19—1　19—2

右脚向前跟进半步，身体重心移至右腿，左脚稍向前移。脚尖点地，成左虚步；同时，身体稍向右转，右手下落经体前向后、向上提抽至肩上耳旁，再随身体左转，由右耳旁斜向前下方插出，掌心向左，指尖斜向下；与此同时，左手向前、向下划弧落于左胯旁，手心向下，指尖向前；眼看前下方。

要点：身体要先向右转，再向外转。

20. 闪通臂

20—1　　20—2　　20—3

上体稍向右转，左脚向前迈出，屈膝弓腿成左弓步；同时，右手由体前上提屈臂上举，停于右额前上方，掌心翻转斜向上，拇指朝下；左手上起经胸前向前推出，高与鼻尖平，手心向前；眼看左手。

要点：完成姿势上体自然正直，松腰、松胯；左臂不要完全伸直，背部肌肉要伸展开。

21. 转身搬拦捶

21—1　　21—2　　21—3　　21—4　　21—5

21—6　　21—7　　21—8　　21—9

（1）上体后坐，身体重心移至右腿上，左脚尖里扣，身体向右后转，然后身体垂心再移至左腿上；与此同时，右手随着转体向右、向下（变拳）经腹前划弧至左肋旁，拳心向下；左掌上举于头前，掌心斜向上；眼看前方。

（2）向右转体，右拳经胸前向前翻转撇出，拳心向上；左手落于左胯旁，掌心向下，指尖向前；同时，右脚收回后，即向前迈出，脚尖外撇；眼看右拳。

（3）身体重心移至右腿上，左脚向前迈出一步；左手上起经左侧向前上划弧推出，掌心向前下方，同时，右拳向右划弧收到右腰旁，拳心向上；眼看左手。

（4）左腿前弓或左弓步，同时，右拳向前打出，拳眼向上，高与胸平。左手附于右前臂进而侧，眼看右拳。

要点：右拳不要握得太紧，右拳回收时，前臂要慢慢内旋划弧，然后再外旋停于右腰旁，拳心向上。

22. 如封似闭

22—1　22—2　22—3

22—4　22—5　22—6

（1）左手由右腕下向前伸出，右拳变掌，两手手心逐渐翻转向上并慢慢分开回收；同时，身体后坐，左脚尖翘起，身体重心移至右腿；眼看前方。

（2）两手在胸前翻掌，向下经腹前再向上、向前推出，腕部与肩平，手心在前；同时，左腿前弓成左弓步；眼看前方。

要点：身体后坐时，避免后仰，臀部不可凸出。

23. 十字手

23—1	23—2	23—3	23—4

（1）屈膝后坐，身体重心移向右腿，左脚尖里扣，向右转体；右手随着转体动作向右平摆划弧，与左手成两臂侧平举，掌心向前，肘部微曲；同时，右脚尖随着转体稍向外撇，成右侧弓步；眼看右手。

（2）身体重心慢慢移到左腿，右脚尖里扣，随即向左收回，两脚距离与肩同宽，两腿逐渐蹬直，成开立步；同时，两手向下经腹前向上划弧交叉，合抱于胸前，两臂撑圆，腕高与肩平，右手在外，成十字手，手心均向后，眼看前方。

要点：两手分开和合抱肘，上体不要前俯。站起后，身体自然正直，头要微向上顶，下颌稍向后收。

24. 收势

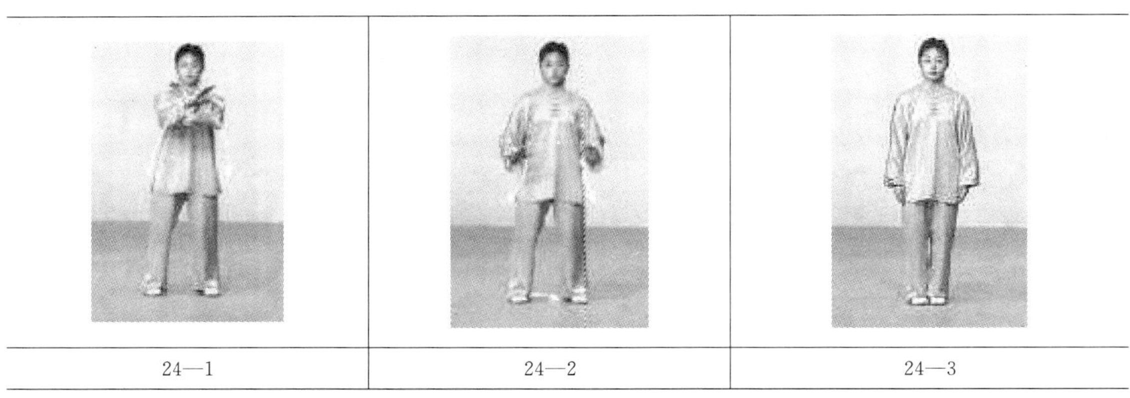

24—1	24—2	24—3

两手向外翻掌，手心向下，两臂慢慢下落，停于身体两侧；眼看前方。

要点：两手左右分开下落时，要注意全身放松，同时气也徐徐下沉。呼吸平稳后，把左脚收到右脚旁，再走动休息。

思　考　题

1. 有氧健步走需掌握哪些要领?
2. 简述蛙泳的呼吸要领。
3. 跳单绳有哪几种常见的跳法? 并谈谈跳绳对健身的好处。
4. 简述二十四式太极拳动作的名称。